Wye

Ukrainian
Mini Dictionary

ENGLISH-UKRAINIAN
UKRAINIAN-ENGLISH

FLUO
EDITIONS

FLUO
EDITIONS

Ukrainian mini dictionary

© 2019-2020 by Fluo Editions

Main editor: J. N. Zaff
Assistant editor: Natalia Baena Cruces
Cover and typesetting: Fluo Editions

First edition: February 2020

While the publisher and the authors have used good faith efforts to en-sure that the information and instructions contained in this work are accu-rate, the publisher and the authors disclaim all responsibility for errors or omissions, including without limitation responsibility for damages result-ing from the use of or reliance on this work. Use of the information and instructions contained in this work is at your own risk.

Fluo Editions
Granada, Spain
efluo.net

Table of Contents

Abbreviations

n	noun
v	verb
adj	adjective
adv	adverb
art	article
pron	pronoun
conj	conjunction
interj	interjection
prep	preposition
part	particle
num	numeral
det	determiner
phr	phrase
inf	infinitive
sp	simple past
pp	past participle
m	masculine
f	feminine
n	neuter
pl	plural
abbr	abbreviation

English-Ukrainian

abandon /əˈbæn.dn̩, əˈbæn.dən/ • v покида́ти, поки́нути **~ment** • n відмо́ва f; абандо́н m; абандон m; залишення n

able /ˈeɪ.bl̩/ • adj в стані, здатний; здібний

abolish /əˈbɒlɪʃ, əˈbɑl.ɪʃ/ • v касува́ти, скасува́ти

abortion /əˈbɔːʃn̩/ • n або́рт m

about /əˈbaʊt, əˈbʌʊt/ • adv навколо • prep навкруги; приблизно; про; поряд, коло

above /əˈbʌv/ • adv вище • prep над (nad); понад, поза

abroad /əˈbrɔːd, əˈbɹɔd/ • adv за кордон, за кордо́н

absent /ˈæb.sn̩t/ • adj відсу́тній

absolute /ˈæb.səˌluːt, ˈæb.səˌlut/ • adj необме́жений, абсолю́тний; цілковитий

absorb /əbˈzɔːb, æbˈsɔɹb/ • v поглина́ти, погли́нути

abundan|t /əˈbʌn.dn̩t/ • adj бага́тий **~ce** • n рясно́та f, рясо́та f

academy /əˈkæd.ə.mi/ • n акаде́мія f

accelerat|e /əkˈsɛl.əˌɹeɪt/ • v прискорювати; прискорюватися **~ion** • n прискорення n; прискорення n

accent /ˈæk.sənt, ˈæk.sɛnt/ • n на́голос m; акцент, вимова • v акцентувати, наголошувати, підкреслювати

accept /əkˈsɛpt/ • v прийма́ти, прийня́ти; погоджуватися, визнавати

access /ˈækses, ˈæk͵ses/ ● *n*
доступ *m*; підхід *m*

accident /ˈæk.sə.dənt/ ● *n*
випадок *m*, аварія *f*,
катастрофа *f*

accommodation
/ə͵kɒm.ə.ˈdeɪ.ʃən,
ə͵kɑm.ə.ˈdeɪ.ʃən/ ● *n* житло *n*,
розквартирування *n*

accompany /ə.ˈkʌm.pə.ni/ ● *v*
акомпанувати;
супроводжувати

accord /əˈkɔːd, əˈkɔːd/ ● *n* згода;
акорд; гармонія; договір ● *v*
надавати **~ing to** ● *prep*
згідно; згідно, відповідно
~ingly ● *adv* відповідно

account /ə.ˈkaʊnt/ ● *n* рахунок
m **~ant** ● *n* бухгалтер *m*,
бухгалтерка *f*, рахівник *m*,
рахівниця *f* **~ing** ● *n*
бухгалтерія *f*

accura|te /ˈæk.jʊ.rət, ˈæk.jə.rɪt/ ●
adj точний, докладний **~cy**
● *n* точність

accus|e /ə.ˈkjuːz, əˈkjuz/ ● *v*
звинувачувати,
звинуватити **~ation** ● *n*
звинувачення *n* **~ative** ● *n*
знахідний відмінок *m*,
знахідний *m*

achieve /ə.ˈtʃiːv/ ● *v* успішно
виконувати; досягати,
досягти, добиватися

acid /ˈæs.ɪd/ ● *n* кислота *f* **~ity** ●
n кислотність *f*

acknowledge /əkˈnɒ.lɪdʒ,
ækˈnɑː.lɪdʒ/ ● *v* визнавати,
визнати, признавати,
признати

across /əˈkrɒs, əˈkrɔs/ ● *prep*
через, упоперек, поперек;
напроти, навпроти; через,
крізь

act /ækt, æk/ ● *n* акт *m*, вчинок
m; закон *m*; дія *f* ● *v* діяти,
чинити; грати; поводитись
~ion ● *n* дія *f*, діяння *n*

activ|e /ˈæk.tɪv/ ● *adj* активний,
діяльний; дійсний **~ist** ● *n*
активіст *m*, активістка *f* **~ity**
● *n* активність *f*; діяльність
f

act|or /ˈæk.tə, ˈæk.tɚ/ ● *n* актор
m, актриса **~ress** ● *n*
актриса *f*

actually /ˈak.(t)ʃ(ʊ).ə.li,
ˈak.(t)ʃʊ.ə.lɪ/ ● *adv* насправді,
дійсно

ad ▷ ADVERTISEMENT

add /æd/ ● *v* додавати, додати

addition /əˈdɪʃən/ ● *n* додавання
n **~al** ● *adj* додатковий

address /əˈdrɛs, ˈædɹɛs/ ● *n*
адреса *f*; звернення *n*

administration /əd͵mɪnəˈstreɪʃən/
● *n* адміністрація *f*,
управління *n*, керівництво *n*

admir|e /ədˈmaɪə, ədˈmaɪɹ/ ● *v*
захоплюватися **~ation** ● *n*
захоплення *n*

admit /ədˈmɪt/ ● *v* дозволяти,
впускати, пускати;
допускати; припускати,
припустити, визнавати,
визнати, признавати,
признати

adolescen|t /͵ædəˈlesənt/ ● *n*
підліток *m* **~ce** ● *n* юність *f*,
молодість *f*

adopt /əˈdɑpt, əˈdɒpt/ • *v* приймати

adult /ˈæd.ʌlt, əˈdʌlt/ • *adj* дорослий • *n* дорослий *m*, доросла *f* ~**ery** • *n* перелюбство *n*, адюльтéр *m*

advantage /ədˈvɑːn.tɪdʒ, ədˈvæn.tɪdʒ/ • *n* користь *f*, вигода *f*, перевага *f* • *v* віддавати перевагу, надавати перевагу ~**ous** • *adj* вигідний, сприятливий

adventure /ədˈvɛntʃə, ədˈvɛntʃə/ • *n* авантюра *f*, пригода *f*

adverb /ˈæd.vɜːb, ˈæd.vɝb/ • *n* прислівник *m*

advertis|e /ˈad.və(ɹ).taɪz, ˈæd.vɚ.taɪz/ • *v* рекламувати; рекламувати ~**ement** • *n* реклáма *f*, оголошення *n*, анонс *m*, заява *f* ~**ing** • *n* рекламá *f*, рекламування *n*

advice /ədˈvaɪs, ædˈvaɪs/ • *n* рáда *f*, порáда *f*

advis|e /ədˈvaɪz/ • *v* рáдити, порáдити, рекомендувáти; повідомляти ~**or** • *n* консультант *m*, радник *m*

affair /əˈfɛɹ, əˈfɛə(ɹ)/ • *n* діло; справа; сутичка; ромáн, зв'язóк

affect /ˈə.fɛkt/ • *v* впливати, вплинути

afford /əˈfɔːd, əˈfɔːd/ • *v* дозволяти собі

Afghanistan • *n* Афганістáн *m*

afraid /əˈfɹeɪd/ • *adj* наляканий, лякáтися, боятися

Africa • *n* Áфрика *f* ~**n** • *adj* африкáнський • *n* африкáнець *m*, африкáнка *f*

after /ˈæf.tə(ɹ), ˈæf.tɚ/ • *prep* після; позáду ~**noon** • *n* пополудні *m*

again /əˈɡɛn, əˈɡɪn/ • *adv* знóву, знов, ще раз

against /əˈɡɛnst, əˈɡeɪnst/ • *prep* прóти; в обмíн, на; від

age /eɪdʒ/ • *n* вік *m*; епóха *f*, éра *f*, час *m*

aggress|ion /əˈɡɹɛʃən/ • *n* агрéсія *f* ~**ive** • *adj* агресивний ~**or** • *n* агрéсор *m*

ago /əˈɡoʊ, əˈɡəʊ/ • *adv* тому

agree /əˈɡɹiː, əˈɡɹiː/ • *v* погóджуватися, погóдитися, згóджуватися, згóдитися ~**ment** • *n* угóда *f*, договíр; згóда

agriculture /ˈæɡɹɪ.kʌltʃə, ˈæɡɹɪ.kʌltʃɚ/ • *n* сíльське господáрство *n*, землерóбство *n*, агрикультýра *f*

ahead /əˈhɛd/ • *adv* вперéд, попéреду

aide ▷ ASSISTANT

AIDS • *n* (*abbr* Acquired ImmunoDeficiency Syndrome) СНІД *m*

aim /eɪm/ • *n* ціль; метá, нáмір • *v* цíлитися; прáгнути

air /ɛə, ˈɛə/ • *n* повітря *n* ~**craft** • *n* літáк *m* ~**line** • *n* авіакомпáнія *f*, авіалíнії ~**plane** • *n* літáк *m*, аероплáн *m* ~**port** • *n* аеропóрт *m*, литóвище *n* **on** ~ • *phr* в ефíр

aisle /aɪl/ • *n* прохід

A

alarm /əˈlɑːm, əˈlɑɪm/ • *n* тривóга *f*

Albania • *n* Албáнія *f* **~n** • *adj* албáнський *m* • *n* албáнець *m*, албáнка *f* • *n* албáнська мóва *f*

alcohol /ˈæl.kə.hɒl, ˈæl.kə.hɔl/ • *n* алкогóль *m*, спирт *m* **~ism** • *n* алкоголíзм *m*; алкогольний *n*

Algeria • *n* Алжúр *m*

alien /ˈeɪ.li.ən/ • *n* іншопланетя́нин *m*, іншопланетя́нка *f*, чужопланетя́нин *m*, чужопланетя́нка *f*, інопланетя́нин *m*, інопланетя́нка *f* **~ation** • *n* відчуження, відчужування, віддалення, збайдужування, відчуженість; божевілля, збайдужіння, психоз

alive /əˈlaɪv/ • *adj* живúй

all /ɔːl, ɔl/ • *det* весь, цíлий

alley /ˈæ.li/ • *n* провýлок *m*, алéя *f*

allow /əˈlaʊ/ • *v* дозволя́ти, дозвóлити

allure /əˈl(j)ʊɚ/ • *n* шарм *m*, прива́бливість *f*

ally /ˈæl.aɪ, əˈlaɪ/ • *n* сою́зник *m*, сою́зниця *f* **~iance** • *n* сою́з *m (sojúz)* **~ied** • *adj* сою́зний, сою́зницький

almost /ˈɔːl.məʊst, ˈɔl.moʊst/ • *adv* ма́йже, сливé

alone /əˈləʊn, əˈloʊn/ • *adj* сам, одúн

along /əˈlɒŋ, əˈlɔŋ/ • *adv* разóм; уперéд, да́лі • *prep* уздóвж, повз, по

already /ɔːlˈɹɛdi, ɔlˈɹɛdi/ • *adv* ужé, вжé, ранíше

also /ˈɔːl.səʊ, ˈɔl.soʊ/ • *adv* так са́мо, теж, такóж

alter /ˈɔːl.tə, ˈɔl.tɚ/ • *v* змíнювати, змінúти

although /ɔːlˈðəʊ, ɔlˈðoʊ/ • *conj* хоча́, хоч

aluminium /ˌæl.(j)ʊˈmɪn.i.əm, ˌæl.(j)uˈmɪn.i.əm/ • *n* алюмíній *m*

always /ˈɔː(l).weɪz, ˈɔl.weɪz/ • *adv* завждú, за́всіди *(závsidy)*, за́вше *(závše)*; за́вжди, весь час

ambassador /æmˈbæs.ə.də(ɹ), æmˈbæs.ə.dɚ/ • *n* посóл *m*

ambition /æmˈbɪ.ʃən/ • *n* амбíція *f*; честолю́бство *n* **~us** • *adj* амбіцíйний, амбíтний, честолю́бний

ambulance /ˈæm.bjə.ləns, ˈæm.bjəˌlæns/ • *n* швидка́ допомóга *f*

amend /əˈmɛnd/ • *v* покра́щувати, виправля́ти; внóсити змíни

American • *adj* америка́нський • *n* америка́нець *m*, америка́нка *f*

amiable /ˈeɪ.mi.ə.bəl/ • *adj* люб'я́зний, ласка́вий, дружелю́бний, при́язний, дру́жній, приятельський

amid /əˈmɪd/ • *prep* сéред, мíж, пóміж

among /əˈmʌŋ/ • *prep* сéред, мíж

A

amount /ǝˈmaʊnt/ ● *n* кі́лькість *f*, су́ма *f*

Amsterdam ● *n* Амстерда́м *m*

amuse /ǝˈmjuːz/ ● *v* розважа́ти, забавля́ти, ба́вити

analys|is /ǝˈnælɪsɪs/ ● *n* ана́ліз, дослі́дження, розбір *m* **~t** ● *n* аналі́тик *m*

ancestor /ˈæn.sɛs.tǝ/ ● *n* пре́док *m*

anchor /ˈæŋ.kǝ, ˈæŋ.kǝ/ ● *n* я́кір *m*, кітва́ *f*, кітви́ця *f*

ancient /ˈeɪn.(t)ʃǝnt/ ● *adj* дре́вній, старода́вній, анти́чний, стари́й

and /ænd, ǝnd/ ● *conj* і, й, та; а

Andorra ● *n* Андо́рра *f*

angel /ˈeɪn.dʒǝl/ ● *n* а́нгел *m*, я́нгол *m*

anger /ˈæŋɡǝ(ɹ), ˈæŋɡǝ/ ● *n* гнів, злість *f*

angle /ˈæŋ.ɡǝl/ ● *n* кут *m*, ву́гол *m*

Angola ● *n* Анго́ла *f*

angry /ˈæŋ.ɡɹi/ ● *adj* серди́тий, злий

animal /ˈænɪmǝl/ ● *n* твари́на *f*, звір *m*; тварина *f*

animate /ˈæ.nɪ.mǝt, ˈæ.nɪ.meɪt/ ● *adj* одушевлений

ankle /ˈæŋ.kǝl/ ● *n* кісточка *f*, щи́колотка *f*

anniversary /ˌænɪˈvɜːs(ǝ)ɹi, ˌænɪˈvɝ́s(ǝ)ɹi/ ● *n* річни́ця *f*, ювіле́й *m*

announce /ʌˈnaʊns, ǝˈnaʊns/ ● *v* оголо́шувати, оголоси́ти, заявля́ти, заяви́ти, повідомля́ти, повідо́мити

annoying ● *v* дратівли́вий, доса́дний, набридливи́й

annual /ˈæn.ju.əl, ˈæn.ju.əl/ ● *adj* щорі́чний, річни́й ● *n* щорічник

anonymous /ǝˈnɒnǝmǝs/ ● *adj* аноні́мний; безіме́нний

another /ǝˈnʌ.ðǝ(ɹ), ǝˈnʌ.ðǝ/ ● *det* ще оди́н, інший; відмінний від

answer /ˈɑːn.sǝ, ˈæn.sǝ/ ● *n* ві́дповідь *f* ● *v* відповіда́ти, відповісти́

ant /ænt, ɛnt/ ● *n* мура́шка *f*, мура́ха *f*

Antarctica ● *n* Антаркти́да *f*, Анта́рктика *f*

anteater /ˈænt.iːtǝ, ˈænt.itǝ/ ● *n* мурахої́д *m*

anxiety /æŋ(ɡ)ˈzaɪ.ǝ.ti/ ● *n* занепоко́єння *n*, триво́га *f*, неспокі́й *m*

any|one /ˈɛnɪˌwʌn/ ● *pron* хто-не́будь, ніхто́, будь-хто, будь-який **~thing** ● *pron* що-не́будь, ніщо́, будь-що **~way** ● *adv* хай там як; в уся́кому ра́зі; в будь-якому разі, в будь-якому випадку **~where** ● *adv* де завго́дно, де-не́будь

apart /ǝˈpɑː(ɹ)t, ǝˈpɑɹt/ ● *adv* окре́мо, осторонь

apartment /ǝˈpɑːt.mǝnt, ǝˈpɑɹt.mǝnt/ ● *n* кварти́ра *f*, апартаме́нт *m*

aphid /ˈeɪ.fɪd/ ● *n* тля *f*, попели́ця *f*

apolog|y /ǝˈpɒl.ǝ.dʒi/ ● *n* ви́бачення *n* **~ize** ● *v* вибача́тися, ви́бачитися, перепро́шувати, перепроси́ти

apparatus /ˌæ.pəˈreɪ.təs, æ.ˈræ.pə.ə/ • *n* апара́т *m*

apparent /əˈpær.ə.ət/ • *adj* видимий; очеви́дний, я́вний; удаваний **~ly** • *adv* очеви́дно; мабу́ть, пе́вно, либо́нь, вида́ти

appear /əˈpɪə, ə.ˈpɪə/ • *v* з'явля́тися, з'яви́тися; ввижа́тися, видава́тися **~ance** • *n* поя́ва; з'я́влення, ви́димість; зо́внішній ви́гляд, зо́внішність; я́вка

appetite /ˈæp.ə.taɪt/ • *n* апети́т *m*

applause /əˈplɔːz, əˈplɒz/ • *n* аплодисме́нти, о́плески

apple /ˈæp.əl/ • *n* я́блуко *n*

apply /əˈplaɪ/ • *v* використо́вувати; зверта́тись; застосо́вувати **~iance** • *n* пристрі́й *m*, апара́т *m*

appoint /əˈpɔɪnt/ • *v* признача́ти **~ment** • *n* зустрі́ч *f*

approach /əˈprəʊtʃ, əˈprəʊtʃ/ • *n* наближення; підхі́д; підхі́д *m* • *v* підхо́дити; наближа́тися

appropriate /əˈprəʊ.pri.ət, əˈprəʊ.pri.ɪt/ • *adj* відпові́дний, підходя́щий • *v* привла́снювати; асигнува́ти, виділя́ти

approve /əˈpruːv/ • *v* схва́лювати, затве́рджувати

approximately /əˈprɒk.sɪ.mət.li, əˈprɒk.sɪ.mət.li/ • *adv* приблизно, ма́йже

April • *n* кві́тень *m*

Arab • *adj* ара́бський • *n* ара́б *m*, ара́бка *f*

architect /ˈɑː.kɪ.tekt, ˈɑː.kɪtɛkt/ • *n* архіте́ктор *m* **~ural** • *adj* архітекту́рний **~ure** • *n* архітекту́ра *f*

area /ˈɛə.ri.ə, æ.ˈɪə.ə/ • *n* пло́ща *f*

arena /əˈriː.nə/ • *n* аре́на *f*

Argentina • *n* Аргенти́на *f*

argue /ˈɑː.gjuː, ˈɑː.gjuː/ • *v* спереча́тися, спо́рити; аргументува́ти; обґрунтува́ння *n*, аргуме́нт *m*; супере́ка *f*, спір *m*

arise /əˈraɪz/ • *v* (*sp* arose, *pp* arisen) встава́ти; виника́ти

arisen (*pp*) ▷ ARISE

arm /ɑːm, ɑːm/ • *n* рука́ *f*; збро́я *f*

Armenia • *n* Вірме́нія *f*

armour /ˈɑː.mə, ˈɑː.mə/ • *n* броня́ *f*, ла́ти; па́нцир *m*

army /ˈɑː.mi, ˈɑː.mi/ • *n* а́рмія *f*, ві́йсько *n*

arose (*sp*) ▷ ARISE

arrange /əˈreɪndʒ/ • *v* впорядко́вувати, організува́ти; розташо́вувати

arrest /əˈrest/ • *n* аре́шт *m* • *v* арешто́вувати, заарешто́вувати, арештува́ти, заарештува́ти

arrive /əˈraɪv/ • *v* дохо́дити, ді́йти, дої́хати; прихо́дити; прийти́, приї́зди́ти, приї́хати **~al** • *n* прибуття́ *n*, приї́зд *m*, прихі́д *m*, прилі́т *m*

arrogant /ˈær.ə.gənt/ • *adj* зарозумі́лий, гордови́тий,

пихливий, гонористий,
бундючний, гоноровитий

arrow /ˈæɹəʊ, ˈæɹ.oʊ/ • *n* стрілá
f; стрілка *f*

art /ɑːt, ɑɹt/ • *n* мистéцтво *n*
~ist • *n* худóжник *m*, артист
m; худóжниця *f*; мáйстер *m*,
митéць *m* **~work** • *n* витвір
m (výtvir); твір мистéцтва *m*
(tvir mystéctva)

article /ˈɑːtɪkəl, ˈɑɹtɪkəl/ • *n*
стаття *f*; артикль *m*

artificial /ɑː(ɹ)təˈfɪʃəl/ • *adj*
штýчний

as /æz, əz/ • *adv* як, так,
настільки; коли, як тільки;
пóки, у той час як; оскільки
• *prep* як; у рóлі

ash /æʃ/ • *n* пóпіл *m*, золá *f*

ashamed /əˈʃeɪmd/ • *adj*
присорóмлений

Asia • *n* Áзія *f* **~n** • *adj*
азіáтський • *n* азіáт *m*,
азіáтка *f*

ask /ɑːsk, æsk/ • *v* питáти,
запитáти; просити,
попросити

asleep • *adj* спля́чий

aspect /ˈæspɛkt/ • *n* аспéкт *m*,
вид *m*, ви́гляд *m*

ass /æs/ • *n* срáка *f*, дýпа *f*,
жóпа *f*, зáдниця *f*

assault /əˈsɔːlt, əˈsʌlt/ • *n* нáпад
m

assert /əˈsɜːt, əˈsɜɹt/ • *v*
стверджувати; відстоювати

asset /ˈæsɛt, ˈæsɛt/ • *n* акти́в,
майнó; ресýрс

assign /əˈsaɪn/ • *v* признача́ти,
визнача́ти

assist /əˈsɪst/ • *v* допомага́ти,
посприя́ти **~ance** • *n*
допомóга *f* **~ant** • *n*
помічни́к *m*, помічни́ця *f*,
асистéнт *m*, асистéнтка *f*

associat|e /əˈsəʊʃɪeɪt, əˈsoʊʃɪeɪt/ •
adj пов'я́заний • *n* партнéр;
колéга; компаньóн • *v*
асоціюва́ти, поéднувати;
спілкува́тися;
приéднуватися **~ion** • *n*
асоціáція *f*, об'єднання *n*

assum|e /əˈsjuːm, əˈsuːm/ • *v*
припуска́ти; займа́ти;
прийма́ти **~ption** • *n*
припущення; внебовзятие

assur|e /əˈʃʊə, əˈʃʊɹ/ • *v*
забезпéчувати,
гарантува́ти; запевня́ти,
запéвнити, гарантува́ти
~ance • *n* запéвнення;
впéвненість,
самовпéвненість; гарáнтія

astronom|y /əˈstɹɒnəmi/ • *n*
астронóмія *f* **~er** • *n*
астронóм *m*

asylum /əˈsaɪləm/ • *n* притýлок
m; психіатри́чна лікáрня *f*,
божеві́льня *m*

at /æt, ət/ • *prep* у / в, при, біля́

ate *(sp)* ▷ EAT

Athens • *n* Афíни *f*

atmosphere /ˈæt.məs.fɪə(ɹ),
ˈætməs.fɪɹ/ • *n* атмосфéра *f*

attack /əˈtæk/ • *n* нáпад *m*;
атáка *f* • *v* напада́ти,
напáсти, атакува́ти

attempt /əˈtɛmpt/ • *n* спрóба *f* •
v прóбувати, намага́тися

attend /əˈtɛnd/ • *v* бýти
прису́тнім **~ance** • *n*

A

B

відвідування

attenti|on /əˈtɛn.ʃən/ • *n* ува́га *f*
~**ve** • *adj* ува́жний,
ува́жливий

attitude /ˈæti.tjuːd, ˈætɪtud/ • *n*
ста́влення *n*, відно́шення

attorney /əˈtɜː(ː)ni/ • *n* юри́ст,
адвока́т; представни́к

attract /əˈtɹækt/ • *v* притяга́ти;
прива́блювати, приверта́ти
~**ion** • *n* по́тяг *m*

attribute /ˈætɹɪbjuːt, ˈætɹɪˈbjut/ • *n*
власти́вість *f*, атрибу́т *m*,
я́кість *f*; озна́чення *n*

auction /ˈɔːkʃən, ˈɒkʃən/ • *n*
аукціо́н *m*

audience /ˈɔːdi.əns/ • *n*
аудито́рія, пу́бліка;
аудіє́нція

August /ˈɔːɡʌst/ • *n* се́рпень

aunt /ɑ(ː)nt, ænt/ • *n* ті́тка *f*,
тьо́тя *f*, цьоця *f*, ву́йна *f*,
ву́йчина, тета *f*, цьо́тка *f*,
вуянка *f*, стри́йна *f*

Australia • *n* Австра́лія *f* ~**n** •
adj австралі́йський • *n*
австралі́єць *m*, австралі́йка
f

Austria • *n* А́встрія *f* ~**n** • *adj*
австрі́йський *m* • *n*
австрі́єць *m*, австрі́йка *f*

author /ˈɔː.θə, ˈɔ.θəˈ/ • *n* а́втор *m*

authority /ɔːˈθɒɹɪti, əˈθɔɹəti/ • *n*
вла́да *f*

automati|c /ˈɔːtəˈmætɪk,
ˌɔtəˈmætɪk/ • *adj*
автомати́чний ~**on** • *n*
автоматиза́ція *f*

automobile /ˈɔː.tə.mə.biːl,
ˈɔ.tə.moʊ.bil/ • *n* автомобіль

m, маши́на *f*, автомаши́на *f*,
авто́ *n*

autonomy /ɔːˈtɒnəmi, ɔˈtɑnəmi/ •
n автоно́мія *f*;
самості́йність *f*

autumn /ˈɔːtəm, ˈɔtəm/ • *n* о́сінь *f*

available /əˈveɪləb(ə)l/ • *adj*
досту́пний *m*, ная́вний

average /ˈævəɹɪdʒ/ • *adj*
сере́дній • *n* сере́днє

avoid /əˈvɔɪd/ • *v* уника́ти,
уни́кнути, ухиля́тися

await /əˈweɪt/ • *v* чека́ти,
жда́ти, очі́кувати

awake /əˈweɪk/ • *adj* не
спля́чий • *v* (*sp* awoke, *pp*
awoken) просипа́тися

awaked (*sp/pp*) ▷ AWAKE

aware /əˈwɛə, əˈwɛə/ • *adj*
пи́льний; зна́ючий,
обі́знаний

away /əˈweɪ/ • *adv* геть, пріч

awkward /ˈɔːkwəd, ˈɔkwəd/ • *adj*
незгра́бний; незручни́й

awoke (*sp*) ▷ AWAKE

awoken (*pp*) ▷ AWAKE

axis /ˈæksɪs, ˈæksəs/ • *n* (*pl* axes)
вісь *f*

Azerbaijan • *n* Азербайджа́н *m*

B

baby /ˈbeɪbi/ • *n* дити́на *f*,
ля́лька *f*, немовля́ *n*

back /bæk/ • *adj* за́дній • *adv*
наза́д • *n* спи́на *f*

bacteria /bæk'tɪɹ.i.ə, bæk'tɪəɹ.i.ə/ • *n* бактéрія *f*

bad /bæd, bæːd/ • *adj* погáний, кéпський, злий

badge /bædʒ/ • *n* значóк *m*, знак *m*

bag /bæg, ˈbæːg/ • *n* сýмка *f*, мішóк *m*, тóрба *f*

Bahamas • *n* Багáми, Багáмські Острови́

Bahrain • *n* Бахрéйн *m*

bake /beɪk/ • *v* пекти́, випікáти ~**ry** • *n* пекáрня *f*

balance /ˈbæləns/ • *n* рівновáга *f*

bald /bɔːld, bɒld/ • *adj* ли́сий

ball /bɔːl, bɑl/ • *n* кýля *f*; м'яч *m*, опýка *f*; ядрó *n*; яйцé *n*, яéчко *m*

ballet /ˈbæleɪ, bæˈleɪ/ • *n* балéт *m*

balloon /bəˈluːn/ • *n* повітряна кýля *f*; балóн *m*

ban /bæn/ • *n* заборóна *f* • *v* забороня́ти, заборони́ти

banana /bəˈnɑːnə, bəˈnænə/ • *n* банáн *m*

band /bænd/ • *n* стрíчка, смýжка; полосá, діапазóн; оркéстр, гурт

bandage /ˈbændɪdʒ/ • *n* бинт *m*, бандáж *m*, пов'язка *f*

Bangladesh • *n* Бангладéш *m*

bank /bæŋk/ • *n* банк *m*; бéріг *m*, бéрег *m* ~**er** • *n* банкíр *m*

bankrupt /ˈbæŋ.kɹəpt, ˈbæŋ.kɹʌpt/ • *adj* банкрýт *m*, банкрóт *m* ~**cy** • *n* банкрýтство *n*, банкрóтство *n*

banner /ˈbænə, ˈbænɚ/ • *n* прáпор *m*, стяг *m*, флаг *m*, знамено *n*

bar /bɑː, bɑɹ/ • *n* бар *m*, пивнá *f*, кабáк *m*, кнáйпа *f*, пивни́ця *f*, корчмá *f*, тракти́р *m*, паб *m*, ши́нок *m*

Barbados • *n* Барбáдос *m*

barbarian /bɑː(ɹ).ˈbɛə.ɹi.ən, bɑɹ.ˈbɛəɹ.i.ən/ • *adj* варвáрський • *n* вáрвар *m*, вáрварка *f*

bare‖ly /ˈbɛə(ɹ).li, ˈbɛɹ.li/ • *adv* лéдве (*ledve*) ~**foot** • *adj* бóсий, босонóгий • *adv* босонíж

barn /bɑɹn/ • *n* клýня *f*, амбáр *m*, сарáй *m*, гýмно *n*, комóра *f*, стодóла *f*

barrel /ˈbæɹəl, ˈbɛəɹəl/ • *n* бóчка *f*

base /beɪs/ • *n* оснóва *f*, підстáва *f*, бáза *f*, фундáмент *m*

baseball /ˈbeɪs.bɔːl, ˈbeɪs.bɒl/ • *n* бейсбóл *m*

basically /ˈbeɪsɪk(ə)li/ • *adv* в оснóвному (*v osnovnómu*)

basis /ˈbeɪsɪs/ • *n* оснóва; бáза, бáзис

basket /ˈbɑːskɪt, ˈbæskɪt/ • *n* кóшик *m*, кіш *m*

basketball /ˈbɑːs.kɪt.bɔːl, ˈbæs.kɪt.bɒl/ • *n* баскетбóл *m*, кошикíвка *f*; баскетбóльний м'яч *m*, м'яч до кошикíвка *m*

bass /beɪs/ • *n* окýнь *m* (*ókun'*)

bat /bæt/ • *n* кажáн *m*, летюча ми́ша *f*

bath /bɑːθ, bɛːθ/ • *n* вáнна *f*; лáзничка *f*, купáльня *f*, вáнна кімнáта *f*; кýпиль *f*, купáння *n*, лáзня *f* ~**room** • *n* вáнна кімнáта *f*, вáнна *f*

B

battery /ˈbætəɹi/ • *n* батарéйка *f*, батарéя, акумулятор; батарея *f*

battle /ˈbætəl, ˈbætl/ • *n* бúтва *f*, бій *m*

bay /beɪ/ • *n* залúв *m*, бýхта *f*

be /biː, bi/ • *v* (*sp* was, *pp* been) бýти

beach /biːtʃ, biːʃ/ • *n* пляж *m*, пляжа *f*, бéрег *m*, надмóр'я *n*, узмóр'я *n*, обмíлина *f*, мілина́ *f* • *v* посадúти на мілину́, направляти на бéрег, витягати на бéрег

beam /biːm/ • *n* бáлка *f*; прóмінь *m*

bean /biːn/ • *n* біб *m*, квасóля *f*, фасóля *f*

bear /bɛə(ɹ), bɛəɹ/ • *n* ведмíдь *m* • *v* (*sp* bore, *pp* borne) носúти, нестú

beard /bɪəd, bɪɹd/ • *n* борода́ *f*

beast /biːst/ • *n* звір *m*

beat /biːt/ • *n* ритм, такт • *v* (*sp* beat, *pp* beaten) бúти, побúти, вдаряти, ударяти, вдáрити, удáрити

beaten (*pp*) ▷ BEAT

beaut|y /ˈbjuːti, ˈbjuɹi/ • *n* краса́ *f*, врóда *f*; красень *m*, красýнь *m*, вродлúвець *m*, хорошýн *m*, гарнюк *m*; красýня *f*, вродлúвиця *f*, красýха *f*, кра́ля *f*, хорошýля *f* ~**iful** • *adj* вродлúвий, красúвий, гáрний

beaver /ˈbiːvə, ˈbiːvəʳ/ • *n* бобéр *m*

became (*sp*) ▷ BECOME

because /bɪˈkɒz, bɪˈkɔːz/ • *conj* бо, томý, томý що, та́к як,

оскільки, áдже, внаслíдок, унаслíдок

become /bɪˈkʌm, bɪˈkʌm/ • *v* (*sp* became, *pp* become) става́ти, ста́ти

bed /bɛd, bɛːd/ • *n* лíжко *f*; пóстіль *f* ~**room** • *n* спáльня *f*

bee /bi, biː/ • *n* бджола́ *f* ~**hive** • *n* вýлик *m*

beef /bif, biːf/ • *n* яловичина *f*

been (*pp*) ▷ BE

beer /bɪə(ɹ), bɪə/ • *n* пúво *n*

beetle /ˈbiːtəl/ • *n* жук *m*

before /bɪˈfɔː, bəˈfɔɹ/ • *prep* до, пéред

beggar /ˈbɛɡə, ˈbɛɡə/ • *n* жебра́к *m*, жебра́чка *f*

began (*sp*) ▷ BEGIN

begin /bɪˈɡɪn/ • *v* (*sp* began, *pp* begun) почина́ти, поча́ти, поча́тися ~**ning** • *n* поча́ток *m*

begun (*pp*) ▷ BEGIN

behav|e /bɪˈheɪv/ • *v* повóдитися ~**ior** • *n* поведíнка *f*

behaviour (*British*) ▷ BEHAVIOR

behind /bɪˈhaɪnd, biˈhaɪmd/ • *adv* поза́ду • *n* зад; дýпа, сра́ка • *prep* за, поза

Beijing • *n* Пекíн *m*, Бейцзíн *m*

being /ˈbiːɪŋ, ˈbiɪŋ/ • *n* істóта *f*, тварь *f*, тварúна *f*, стврíння *n*; існува́ння *n*, буття́ *n*

Belarus • *n* Білорýсь *f*, Білорýсія *f*

Belgi|um • *n* Бéльгія *f* ~**an** • *adj* бельгíйський *m* • *n* бельгíєць *m*, бельгíйка *f*

belie|ve /bɪˈliːv/ • v вірити **~f** • n віра f **~ver** • n віруючий m, віруюча f

Belize • n Беліз m

bell /bɛl/ • n дзвін m, дзвоник

belly /ˈbɛli/ • n живіт m, брухо n

belong /bɪˈlɒŋ, bɪˈlɔŋ/ • v належати; бути частина

below /bɪˈləʊ, bəˈloʊ/ • prep під; нижче; південніше

belt /bɛlt/ • n пояс m, ремінь m

bench /bɛntʃ/ • n лавка f, лавочка f

bend /bɛnd, bɪnd/ • v (sp bent, pp bent) згинати, гнути

beneath /bɪˈniːθ/ • prep під

benefi|t /ˈbɛn.ə.fɪt/ • n користь, прибуток; допомога; бенефіс **~cial** • adj корисний, вигідний, благотворний

Benin • n Бенін m

Berlin • n Берлін m

Bern • n Берн m

beside /bɪˈsaɪd, bɪˈsaɪd/ • prep поряд, поруч **~s** • adv крім того • prep крім

best /bɛst/ • adj найкращий, найліпший • adv найкраще, найліпше

betray /bəˈtɹeɪ/ • v зраджувати, зрадити

better /ˈbɛtə, ˈbɛtɚ/ • adj кращий, ліпший • adv краще, ліпше • (also) ▷ GOOD

between /bɪˈtwiːn, bəˈtwiːn/ • prep між

beyond /bɪˈjɒnd, bɪˈjɒnd/ • prep за, позаду, ззаду, іззаду, позад, поза; за межами

Bhutan • n Бутан m

Bible /ˈbaɪbəl/ • n біблія f, Біблія f

bicycle /ˈbaɪsɪkl/ • n велосипед m

bid /bɪd/ • v (sp bade, pp bidden) наказувати, наказати

bidden (pp) ▷ BID

big /bɪɡ/ • adj великий

bike /baɪk/ • n велосипед

bill /bɪl/ • n дзьоб m; рахунок m

billion /ˈbɪljən/ • n мільярд m

bin /bɪn/ • n засік m

bind /baɪnd/ • v (sp bound, pp bound) зв'язувати, зв'язати

biograph|y /baɪˈɒɡɹəfi, baɪˈɑːɡɹəfi/ • n біографія f **~ical** • adj біографічний

biology /baɪˈɒlədʒi, baɪˈɒlədʒɪ/ • n біологія f

bird /bɜːd, bɝd/ • n птах m, птиця f

birth /bɜːθ, bɝθ/ • n пологи, народження n **~day** • n день народження m

biscuit /ˈbɪskɪt/ • n печиво n

bishop /ˈbɪʃəp/ • n єпископ m; слон m, офіцер m

bite /baɪt, bʌɪt/ • v (sp bit, pp bitten) кусати; укусити

bitten (pp) ▷ BITE

bitter /ˈbɪtə, ˈbɪtɚ/ • adj гіркий **~sweet** • n Паслін солодко-гіркий

black /blæk/ • adj чорний • n чорний m; мурин m, муринка f, негр m, негритянка f

blackbird /ˈblækbɜːd, ˈblækˌbɝd/ • n чорний дрізд m

blackboard /ˈblækbɔːd, ˈblækbɔːd/ • n дошка f

B

blackmail ● *n* шанта́ж *m*, вимага́ння *n*

blade /bleɪd/ ● *n* ле́зо *n*, ле́зво *n*

blame /bleɪm/ ● *v* вини́ти, винува́тити, звинува́чувати

blanket /ˈblæŋkɪt/ ● *n* ко́вдра *f*, покрива́ло *n*

bless /blɛs/ ● *v* (*sp* blessed, *pp* blessed) благословля́ти, благослови́ти ~**ing** ● *n* благослове́ння *n*, благослові́ння *n*, благослове́нство *n*

blessed (*sp/pp*) ▷ BLESS

blest (*sp/pp*) ▷ BLESS

blew (*sp*) ▷ BLOW

blind /blaɪnd/ ● *adj* сліпи́й

blink /blɪŋk/ ● *v* морга́ти, моргну́ти, мига́ти, мигну́ти

bliss /blɪs/ ● *n* блаженство *n* (*blažénstvo*)

blog /blɒɡ, blɑɡ/ ● *n* блог *m*

blood /blʌd, blʊd/ ● *n* кров *f*

blow /bləʊ, bloʊ/ ● *n* уда́р *m* ● *v* (*sp* blew, *pp* blown) ду́ти, ві́яти

blown (*pp*) ▷ BLOW

blue /bluː, blu/ ● *adj* си́ній, блаки́тний

blunt /blʌnt/ ● *adj* тупи́й

board /bɔːd, bɔːrd/ ● *n* до́шка *f*; керівни́цтво, правлі́ння; борт ● *v* сіда́ти

boat /bəʊt, boʊt/ ● *n* чо́вен *m*, лодь *f*

body /ˈbɒdi, ˈbɑdi/ ● *n* ті́ло *n*; труп *m*; колекти́в *m* ~**guard** ● *n* тілоохоро́нець

Bogota ● *n* Богота́ *f*

boil /bɔɪl/ ● *v* вари́ти

Bolivia ● *n* Болі́вія *f*

bolt /bɒlt, boʊlt/ ● *n* болт *m*

bomb /bɒm, bɑm/ ● *n* бо́мба *f* ~**er** ● *n* бомбардува́льник *m*

bone /bəʊn, boʊn/ ● *n* кі́стка *f*

book /bʊk, buːk/ ● *n* кни́жка *f*, кни́га *f*

boot /but, buːt/ ● *n* чо́біт *m*, череви́к *m*

border /ˈbɔədə, ˈbɔːdə/ ● *n* кордо́н *m*, межа́ *f*; грани́ця *f*

bore (*sp*) ▷ BEAR

bored /bɔːd, bɔːrd/ ● *adj* нудьгу́ючий

boring /ˈbɔːɪŋ/ ● *adj* нудни́й

borne (*pp*) ▷ BEAR

borrow /ˈbɒɹəʊ, ˈbɑɹoʊ/ ● *v* позича́ти, пози́чити

Bosnia ● *n* Бо́снія ~**n** ● *adj* босні́йський *m*, босн́яцький *m* ● *n* босні́єць *m*, босня́к, босн́ійка *f*, боснячка *f*

boss /bɒs, bɔs/ ● *n* керівни́к *m*, нача́льник *m*, шеф *m*, бос *m*

both /bəʊθ, boʊθ/ ● *det* оби́два, оби́дві, обо́є

bother /ˈbɒðəɹ/ ● *n* хвилюва́тися, турбува́тися; турбо́ти ● *v* турбува́ти

Botswana ● *n* Ботсва́на *f*

bottle /ˈbɒ.təl, ˈbɑ.təl/ ● *n* пля́шка *f*

bottom /ˈbɒtəm, ˈbɑtəm/ ● *n* дно *n*, низ *m*

bought (*sp/pp*) ▷ BUY

boundary /ˈbaʊndɹi, ˈbaʊndəɹi/ ● *n* кордо́н *m*, межа́ *f*, грани́ця *f*

bow /bəʊ, boʊ/ ● *n* лук *m*; смичо́к *m*

bowl /bəʊl, boʊl/ ● *n* ча́ша *f*, ми́ска *f*, піа́ла *f* ~**ing** ● *n* box 13 brown

бо́улінг *m*, гра в ке́глі *f*, ке́глі, кегельба́н *m*

box /bɒks, bɑks/ • *n* коро́бка *f*, я́щик *m*, скри́ня *f*; самши́т *m*

boy /bɔɪ, bɔːə/ • *n* хло́пець *m*, хло́пчик *m*; козачо́к *m*
~friend • *n* коха́ний *m*, па́рубок *m*, хло́пець *m*, друг *m*, прия́тель *m*

brain /bɹeɪn/ • *n* мо́зок *m*

brake /bɹeɪk/ • *n* гальмо́ *n* • *v* гальмува́ти, загальмува́ти

branch /bɹɑːntʃ, bɹæntʃ/ • *n* ві́тка *f*, галу́зь *f*, гала́зка *f*, гі́лка *f*, гі́лочка *f*; філія *f*; га́лузь *f* (*haluz'*)

brave /bɹeɪv/ • *adj* хоро́брий, відва́жний, сміли́вий

Brazil • *n* Брази́лія *f*

bread /bɹɛd/ • *n* хліб *m* (*xlib*)

break /bɹeɪk/ • *n* пере́рва *f* • *v* (*sp* broke, *pp* broken) розбива́ти, розби́ти, лама́ти, злама́ти; пору́шувати; роби́ти пере́рву, пере́рва ~ **out** • *v* втікти; спала́хувати ~**fast** • *n* сніда́нок *m* • *v* снідати

breast /bɹɛst/ • *n* грудь *f*, usually plural: гру́ди *f* • *v* годувати груди

breath /bɹɛθ/ • *n* диха́ння *n*, дих *m* ~**e** • *v* ди́хати ~**ing** • *n* диха́ння *n*

breeze /bɹiːz/ • *n* бриз *m*, вітере́ць *m*

brick /bɹɪk/ • *n* це́гла *f*

bride /bɹaɪd/ • *n* нарече́на *f*, молода́ *f*, неві́ста *f*, зару́чена *f*

bridge /bɹɪdʒ/ • *n* міст *m*; перені́сся *n*; брідж *m*

brief /bɹiːf/ • *adj* коро́ткий • *n* резюме́

bright /bɹaɪt/ • *adj* яскра́вий, сві́тлий

brilliant /ˈbɹɪljənt/ • *n* брилья́нт *m*

bring /bɹɪŋ/ • *v* (*sp* brought, *pp* brought) прино́сити, принести́, приво́дити, привести́, приво́зити, привезти́

British • *adj* брита́нський

broad /bɹɔːd, bɹɑd/ • *n* ді́вка ~**cast** • *n* переда́ча *f*, трансля́ція *f*; програ́ма *f* ~**caster** • *n* мо́вник *m* (*móvnyk*)

broadcast /ˈbɹɔːdkɑːst, ˈbɹɔdkæst/ • *n* переда́ча *f*, трансля́ція *f*; програ́ма *f*

broadcasted (*sp/pp*) ▷ BROADCAST

broke /bɹəʊk, bɹoʊk/ • *adj* банкру́т *m*, банкро́т *m* • (*also*) ▷ BREAK

broker /ˈbɹəʊkə, ˈbɹoʊkɚ/ • *n* посере́дник *m*, бро́кер *m*, ма́клер *m*

bronze /bɹɒnz, bɹɑnz/ • *n* бро́нза *f*

brother /ˈbɹʌðə(ɹ), ˈbɹʌðɚ/ • *n* брат *m* ~**hood** • *n* брате́рство *n*, бра́тство *n* ~**-in-law** • *n* ді́вер *m*; шу́рин *m*

brought (*sp/pp*) ▷ BRING

brown /bɹaʊn/ • *adj* кори́чневий, ка́рий, кашта́новий, бу́рий

B
C

Brunei ● *n* Бруней *m*

brush /brʌʃ/ ● *n* щітка *f*

Brussels ● *n* Брюссель *m*

BTW *(abbr)* ▷ BY THE WAY

bubble /'bʌb.əl/ ● *n* пузир *m*, міхур *m*; бульбашка *f*

bucket /'bʌkɪt/ ● *n* відро *n*

budget /'bʌdʒ.ɪt/ ● *n* бюджет *m*

bug /bʌg/ ● *n* клоп *m*

build /bɪld/ ● *v* (*sp* built, *pp* built) будувати, збудувати

builder /'bɪl.də, 'bɪl.dɚ/ ● *n* будівельник *m*, будівельниця *f*

building /'bɪldɪŋ/ ● *n* будівництво *n*; будинок *m*, споруда *f*, дім *m*

built *(sp/pp)* ▷ BUILD

bulb /bʌlb/ ● *n* цибулина *f*

Bulgaria ● *n* Болгарія *f* **~n** ● *adj* болгарський ● *n* болгарин *m*, болгарка *f*; болгарська *f*

bull /bʊl/ ● *n* бик *m*, бугай *m*

bullet /'bʊl.ɪt/ ● *n* куля *f*

bumblebee /'bʌmb.bi/ ● *n* джміль *m*

bunch /bʌntʃ/ ● *n* жмут, в'язка, група; гроно

burden /'bɜːdn, 'bɝdn/ ● *n* тягар *m*

bureau /'bjʊə.əʊ, 'bjʊə.ə/ ● *n* бюро *n*, контора *f*, офіс *m*, канцелярия *f*

bureaucracy /bjʊəˈɒk.rəsi, bjʊˈrɑːkrəsi/ ● *n* бюрократія *f*

burn /bɜːn, bɝn/ ● *n* опік *m*; зпалювання ● *v* (*sp* burnt, *pp* burnt) палити, спалити; горіти, згоріти; записати

burned *(sp/pp)* ▷ BURN

burnt *(sp/pp)* ▷ BURN

Burundi ● *n* Бурунді *f*

bus /bʌs/ ● *n* автобус *m*

bush /bʊʃ/ ● *n* кущ *m*

business /'bɪz.nɪs, 'bɪz.nəs/ ● *n* підприємство *n*, бізнес *m*; бізнес *m* **~man** ● *n* бізнесмен *m*, підприємець *m*

busy /'bɪzi/ ● *adj* зайнятий

but /bʌt, bʊt/ ● *conj* але, а; крім

butt /bʌt/ ● *n* сідниця *f*, зад *m*, попа *f*, дупа *f*, жопа *f*

butter /'bʌtər, 'bʌtɚ/ ● *n* масло *n*

butterfly /'bʌtə(ɹ)flaɪ/ ● *n* метелик *m*

button /'bʌtn/ ● *n* ґудзик *m*; кнопка *f*

buy /baɪ/ ● *v* (*sp* bought, *pp* bought) купувати, купити **~er** ● *n* покупець *m*, купець *m*, покупниця *f*

by /baɪ/ ● *adv* повз ● *prep* до; за допомогою; по; на; за

C

cabbage /'kæbɪdʒ/ ● *n* капуста *f*

cabin /'kæbɪn/ ● *n* каюта *f*; кабіна *f*

cabinet /'kæ.bɪ.nɪt, 'kæ.bə.nət/ ● *n* кабінет *n*; кабінет *m*

cable /'keɪ.bl/ ● *n* трос *m*, линва *f*, кодола *f*, канат *m*; кабель *m*

cactus /'kæktəs/ ● *n* (*pl* cacti) кактус *m*

cage /keɪdʒ/ • *n* клі́тка *f*

Cairo • *n* Каї́р *m*

cake /keɪk/ • *n* торт *m*, тісте́чко *n*, кекс *m*, пиро́жне *n*

calculator /ˈkæl.kjə.leɪ.tə(ɹ)/ • *n* калькуля́тор *m*

calendar /ˈkæl.ən.də, ˈkæl.ən.dəɹ/ • *n* календа́р *m*

calf /kɑːf, kæf/ • *n* (*pl* calves) теля́ *n*; ли́тка *f*

call /kɔːl, kɔl/ • *n* телефо́нна розмо́ва; відві́дування *n*, візи́т *m*, візи́та *f*; крик; за́клик; ви́клик • *v* кли́кати, поклика́ти, позва́ти; крича́ти; дзвони́ти, подзвони́ти; назива́ти ~ **sb back** • *v* передзвони́ти

calm /kɑːm, kɑ(l)m/ • *adj* споко́йний • *v* заспоко́ювати, заспоко́їти

calves (*pl*) ▷ CALF

Cambodia • *n* Камбо́джа *f*

came (*sp*) ▷ COME

camel /ˈkæməl/ • *n* верблю́д *m*

camera /ˈkæmərə/ • *n* фотоапара́т *m*, ка́мера *f*; відеока́мера *f*

Cameroon • *n* Камеру́н *m*

camp /kæmp, æ/ • *n* та́бір *m*

campaign /kæmˈpeɪn/ • *n* кампа́нія *f*

campus /ˈkæmpəs/ • *n* ка́мпус *m*

can /kæn, kən/ • *v* (*sp* could, *pp* -) могти́, змогти́, умі́ти, зумі́ти

Canad|a • *n* Кана́да *f* **~ian** • *adj* кана́дський • *n* кана́дець *m*, канаді́єць *m*, кана́дка *f*, канаді́йка *f*

canal /kəˈnæl, kəˈnɛl/ • *n* кана́л *m*

Canberra • *n* Канбе́рра *f*

cancer /ˈkænsə, ˈkæːnsə/ • *n* рак *m*

candidate /ˈkæn.dɪdət, ˈkæn.dɪ.deɪt/ • *n* кандида́т *m*, кандида́тка *f*

candle /ˈkændəl/ • *n* свічка́ *f*

candy /ˈkændi/ • *n* цуке́рка *f*

cannabis /ˈkænəbɪs/ • *n* конопля́ *f*

canvas /ˈkæn.vəs/ • *n* полотно́ *n*

Cape Verde • *n* Ка́бо-Ве́рде *f*

capital /ˈkæp.ɪ.təl/ • *n* капіта́л *m*, бага́тство *n*; капіте́ль *f*

capitalism /ˈkapɪt(ə)lɪz(ə)m, ˈkæpɪtl̩ɪzm/ • *n* капіталі́зм *m*

captain /ˈkæp.tɪn, ˈkæp.tən/ • *n* капіта́н *m*

car /kɑː, kɑɹ/ • *n* автомобі́ль *m*, маши́на *f*, автомаши́на *f*, авто́ *n*; ваго́н *m*

carbon /ˈkɑɹbən/ • *n* вугле́ць *m*

card /kɑːd, kɑɹd/ • *n* ка́рта *f*, ка́ртка *f*

care /kɛə, kɛ(ə)ɹ/ • *n* турбо́та *f*; неспоко́й *m*; до́гляд • *v* турбува́тися, догляда́ти; дба́ти ~**ful** • *adj* обере́жний, акура́тний ~**fully** • *adv* обере́жно

career /kəˈɹɪɹ, kəˈɹɪə/ • *n* кар'є́ра *f*

cargo • *n* ванта́ж *m*

carp /kɑːp, kɑɹp/ • *n* ко́роп *m*

carpet /ˈkɑːpɪt, ˈkɑɹpɪt/ • *n* кили́м *m*, дива́н *m*

carriage /ˈkæɹɪdʒ/ • *n* ваго́н *m*

carrier /ˈkæ.ɹɪ.ə, ˈkæ.ɹɪ.ɚ/ • *n* носі́й *m*

carrot /ˈkæɹ.ət/ • *n* мо́рква *f*

carry /ˈkæ.ɹi/ • *v* носи́ти, поноси́ти, понести́, вози́ти, повози́ти, повезти́; перено́сити, перенести́

cart /kɑːt, kɑɹt/ • *n* віз *m*, візо́к *m*

carving /ˈkɑɪvɪŋ/ • *n* різьба́ *f*

case /keɪs/ • *n* спра́ва *f*, ви́падок *m*; скри́ня *f*

cash /kæʃ/ • *n* готі́вка *f*, кеш *m*, гро́ші

casino /kæˈsinoʊ/ • *n* казино́ *n*

cast /kɑːst, kæst/ • *n* гіпс *m*

castle /ˈkɑːsəl, ˈkæsəl/ • *n* за́мок *m*

catch /kætʃ/ • *v* (*sp* caught, *pp* caught) лови́ти, пійма́ти

category /ˈkætə.ɡɔɹi, ˈkætɪɡ(ə)ɹi/ • *n* катего́рія *f*

caterpillar /ˈkætəpɪlə(ɹ), ˈkædəɹpɪlɚ/ • *n* гу́сениця *f*

Catholic • *adj* католицький *(katolýc'kyj)*

cattle /ˈkæt(ə)l/ • *n* би́дло *n*, скоти́на *f*, буга́й *m*, бик *m*, коро́ва *f*; худоба

caught (*sp/pp*) ▷ CATCH

cause /kɔːz, kɔz/ • *n* причи́на *f*; спра́ва

cave /keɪv/ • *n* пече́ра *m*

ceiling /ˈsiːlɪŋ/ • *n* сте́ля *f*

cell /sɛl/ • *n* ка́мера *f*; ке́лія *f*; клі́тина *f*

cellar /ˈsɛlə(ɹ), ˈsɛlɚ/ • *n* льох *m*, підва́л *m*, по́гріб *m*

cemetery (*British*) ▷ GRAVEYARD

censor /ˈsɛn.sə, ˈsɛn.sɚ/ • *v* цензурувати ~**ship** • *n* цензу́ра *f*

cent /sɛnt/ • *n* цент *m*

center /ˈsɛn.tɚ, ˈsɛn.tə(ɹ)/ • *n* центр *m*, середи́на *f*

centre (*British*) ▷ CENTER

century /ˈsɛn.tʃə.ɹiː/ • *n* столі́ття *n*, сторі́ччя *n*, вік *m*

ceremony /ˈsɛɹɪməni, ˈsɛɹəmoʊni/ • *n* церемо́нія *f*, обря́д *m*

certain /ˈsɜːtn̩, ˈsɜˈtn̩/ • *adj* упе́внений, пе́вний; які́йсь, котри́йсь, де́який • *det* пе́вний ~**ly** • *adv* авже́ж, безсумні́вно, неодмі́нно ~**ty** • *n* пе́вність *f*, впе́вненість *f*

certificate /səɹˈtɪfɪkɪt, səɹˈtɪfɪˌkeɪt/ • *n* сертифіка́т *m*, свідо́цтво *n*, докуме́нт *m*

Chad • *n* Чад *m*

chain /tʃeɪn/ • *n* ланцю́г *m*, ланцюжо́к *m*

chair /tʃeə(ɹ), tʃeɚ/ • *n* стіле́ць *m*, крі́сло *n* ~**man** • *n* голова́

challenge /ˈtʃæl.mdʒ/ • *n* ви́клик; складна́ задача́, пробле́ма

chamber /ˈtʃeɪmbə(ɹ)/ • *n* кімната *f* (*kimnáta*), покій *m* (*pokij*); спальня *f* (*spál'nja*); палата *f* (*paláta*)

chameleon /kəˈmiːliən/ • *n* хамелео́н *m*

championship /ˈtʃæmpi.ənʃɪp/ • *n* чемпіона́т *m*

chance /tʃæns, tʃɑːns/ • *n* шанс *m*, можли́вість *f*

change /tʃeɪmdʒ/ • *n* дрібні́ гро́ші *n*; пере́сідка *f*; ре́шта *n*, зда́ча *n* • *v* переодяга́тися, переодягну́тися; зміно́ватися, змінйтися; переsídáти, пересі́сти;

змінювати, міняти, змінити; замінювати, замінити

channel /ˈtʃænəl/ ● *n* проли́в *m*, прото́ка *f*; кана́л *m*

chaos /ˈkeɪ.ɒs, ˈkeɪ.ɑs/ ● *n* хао́с *m*

chapter /ˈtʃæptə, ˈtʃæptɚ/ ● *n* глава́ *f*, ро́зділ *m*

character /ˈkɛɹəktə, ˈkæɹəktɚ/ ● *n* персона́ж *m*, геро́й *m*, герої́ня *f*; хара́ктер *m*, вда́ча *f*; лі́тера *f*, знак *m*

charge /tʃɑːdʒ, tʃɑɹdʒ/ ● *n* заря́д; звинува́чення ● *v* поклада́ти відповіда́льність, доруча́ти; звинува́чувати; зніма́ти пла́ту; заряджа́ти; обтя́жувати **~r** ● *n* заря́дний пристрій *m*

chart /tʃɑːt/ ● *n* гра́фік *m*, діагра́ма *f*

chase /tʃeɪs/ ● *v* гана́ти, поганя́ти, погна́ти

chat /tʃæt/ ● *n* розмо́ва *f*, бесі́да *f*; чат *m* ● *v* бала́кати

cheap /tʃip, tʃiːp/ ● *adj* деше́вий

cheat /tʃiːt/ ● *n* шахра́й, обма́нщик ● *v* шахраюва́ти, махлюва́ти, дури́ти, обма́нювати

check /tʃɛk/ ● *n* раху́нок *m* **~mate** ● *interj* мат *m*, шах і мат

cheek /tʃiːk/ ● *n* щока́ *f*

cheese /tʃiːz, tʃiz/ ● *n* сир *m*

chemistry /ˈkɛm.ɪ.stɹi/ ● *n* хі́мія *f*

chest /tʃɛst/ ● *n* скри́ня *f*, я́щик *m*, ку́фер *m*, кофр *m*; гру́ди

chew /tʃuː, tʃu/ ● *v* жува́ти **~ing gum** ● *n* жува́льна гу́мка *f*, жва́чка *f*, жу́йка *f*

chicken /ˈtʃɪkɪn/ ● *n* курча́ *f*, ку́рка *f*; ку́рятина *f*

child /tʃaɪld/ ● *n* (*pl* children) дити́на *f*, дитя́ *n* **~ish** ● *adj* дитя́чий; дитиня́чий, інфанти́льний **~hood** ● *n* дити́нство *n*

children (*pl*) ▷ CHILD

Chile ● *n* Чі́лі *f*

chilly /tʃɪli/ ● *adj* прохоло́дний

chimpanzee /tʃɪmˈpæn.zi/ ● *n* шимпанзе́ *f*

chin /tʃɪn/ ● *n* підборі́ддя *n*, борода́ *f*

China /tʃʌɪnə/ ● *n* Кита́й *m* **~ese** ● *adj* кита́йський ● *n* кита́йська *f*, кита́йський *f*; кита́єць *m*, китая́нка *f*

chivalry /ˈʃɪvəlɹi/ ● *n* ли́царство *n*

chocolate /ˈtʃɒk(ə)lɪt, ˈtʃɔːk(ə)lət/ ● *n* шокола́д *m*

choice /tʃɔɪs/ ● *n* вибір

choir /kwaɪə(ɹ), kwaɪɚ/ ● *n* хор *m*

choose /tʃuːz/ ● *v* (*sp* chose, *pp* chosen) вибира́ти, ви́брати

chose (*sp*) ▷ CHOOSE

chosen (*pp*) ▷ CHOOSE

Christian ● *adj* христия́нський ● *n* християни́н *m*, христия́нка *f* **~ity** ● *n* христия́нство *n*

Christmas ● *n* Різдво́ *n*, Різдво́ Христо́ве *n*

chronic /ˈkɹɒnɪk/ ● *adj* хроні́чний

church /tʃɜːtʃ, tʃɝtʃ/ ● *n* це́рква *f*

cigarette /ˈsɪɡəɹɛt/ ● *n* сигаре́та *f*, цига́рка *f*, папіро́с *m*, папіро́са *f*

cinema /ˈsɪn.ə.mə, ˈsɪn.ɪ.mə/ • *n* кінотеа́тр *m*, кіно́ *n*

circ|le /ˈsɜːkəl/ • *n* круг *m*, окру́жність *f*; ко́ло *n* • *v* кружля́ти **~ular** • *adj* кругови́й; кру́глий

circumstance /ˈsɜːkəmst(ə)ns, ˈsɜ.kəm.ˌstæns/ • *n* обста́вина *f*

citation /saɪˈteɪʃən/ • *n* цита́та *f*

citizen /ˈsɪtɪzən/ • *n* громадя́нин *m*, громадя́нка *f* **~ship** • *n* громадя́нство *n*

city /ˈsɪti, sɪti/ • *n* мі́сто *n*

civilization /ˌsɪv.ɪ.laɪˈzeɪ.ʃən, ˌsɪv.ə.lə.ˈzeɪ.ʃən/ • *n* цивіліза́ція *f*

clad *(sp/pp)* ▷ CLOTHE

claim /kleɪm/ • *n* прете́нзія; за́ява, тве́рдження • *v* претендува́ти; заявля́ти, тве́рдити

clarity /ˈklæɹɪti/ • *n* я́сність *f*

class /klɑːs, klæs/ • *n* клас *m* **~room** • *n* клас *m*, кла́сна кімна́та *f*

classical /ˈklæsəkl/ • *adj* класи́чний

classification /ˌklæsɪfɪˈkeɪʃən/ • *n* класифіка́ція *f*

clause /klɔːz/ • *n* пункт, статтядля

claw /klɔː, klɔ/ • *n* кі́готь *m*; клішня́ *f*

clay /kleɪ/ • *n* гли́на *f*

clean /kliːn, klin/ • *adj* чи́стий • *v* чи́стити, почи́стити

clear /klɪə(ɹ), klɪɹ/ • *adj* чи́стий, прозо́рий; я́сний, ясни́й, сві́тлий **~ly** • *adv* я́сно; очеви́дно, безсумні́вно

cleave /kliːv, kliv/ • *v* (*sp* cleft, *pp* cleft) розко́лювати, розще́плювати, розщепи́ти, коло́ти

cleaved *(sp/pp)* ▷ CLEAVE

cleft *(sp/pp)* ▷ CLEAVE

clever /ˈklevəɹ/ • *adj* розу́мний

client /ˈklʌɪənt, ˈklaɪ.ənt/ • *n* кліє́нт *m*, кліє́нтка *f*

cliff /klɪf/ • *n* скеля́ *f*, кліф *m*

climate /ˈklaɪmɪt/ • *n* клі́мат *m*

climb /klaɪm/ • *v* підніма́тися; ла́зити, пола́зити, лі́зти, полі́зти; здира́тися, зла́зити **~er** • *n* лоза́ *f*

clinic /ˈklɪnɪk/ • *n* клі́ніка *f*

clock /klɒk, klɑk/ • *n* годи́нник *m*

close /kləʊz, kloʊz/ • *adj* бли́зький, бли́жній • *v* зачиня́ти, зачини́ти, закрива́ти, закри́ти **~d** • *adj* зачи́нений *m*, закри́тий *m*, за́мкнений *m* **~ly** • *adv* ті́сно *(tísno)*, близько *(blýzʹko)*

closet /ˈklɒzɪt, ˈklɑzɪt/ • *n* шáфа *f*; комі́рка *f*

cloth /klɔθ, klɑθ/ • *n* ткани́на *f*; ганчі́рка *f* **~es** • *n* о́дяг *m*, оде́жа *f* **~ing** • *n* о́дяг *m*, оде́жа *f*

clothe /ˈkləʊð, ˈkloʊð/ • *v* (*sp* clothed, *pp* clothed) одяга́ти, вдяга́ти

clothed *(sp/pp)* ▷ CLOTHE

cloud /klaʊd/ • *n* хмара́ *f* **~y** • *adj* хма́рний, о́блачний

clove *(sp)* ▷ CLEAVE

cloven *(pp)* ▷ CLEAVE

club /klʌb/ • *n* дрючо́к *m*, дуби́нка *f*, па́лиця *f*; клуб *m*

clumsy /ˈklʌmzi/ • *adj*
незгра́бний

coach /kəʊtʃ, koʊtʃ/ • *n* тре́нер
m; автобус

coal /kəʊl, koʊl/ • *n* вугі́лля *n*,
кам'яне́ вугі́лля *n*, вугля́ *f*

coast /kəʊst, kəʊst/ • *n*
побере́жжя, узбере́жжя *n*

coat /koʊt, kəʊt/ • *n* пальто́ *n*,
піджа́к

cockroach • *n* тарга́н *m*

cocktail • *n* кокте́йль *m*

cod /kɒd, kad/ • *n* тріска́ *f*

code /kəʊd, koʊd/ • *n* код *m*;
ко́декс *m*; шифр *m*

coffee /ˈkɒ.fi, ˈkɔː.fi/ • *n* ка́ва *f*

coin /kɔɪn/ • *n* моне́та *f*

coincidence /kəˈɡˈmsɪdəns/ • *n*
збі́жність *f*

cold /kəʊld, koʊld/ • *adj*
холо́дний • *n* хо́лод *m*;
просту́да *f*, засту́да *f*

collaborat|e /kəˈlæbɹeɪt,
kəˈlæbəɹeɪt/ • *v*
співпрацюва́ти ~**or** • *n*
колабораціоні́ст *m*,
колабораціоні́стка *f*

collar /ˈkɒl.ə, ˈkɑ.lɚ/ • *n* ко́мір *m*,
комі́рець *m*

colleague /ˈkɑliːɡ/ • *n* коле́га *f*,
співробі́тник *m*,
співробі́тниця *f*

collect /kəˈlɛkt/ • *v* збира́ти,
зібра́ти ~**or** • *n* колекціоне́р
m, збира́ч *m*; коле́ктор *m*

collision /kəˈlɪʒən/ • *n* зіткнення
n, зуда́р *m*

Colombia • *n* Колу́мбія *f*

colony /ˈkɒl.əni, ˈkɑləni:/ • *n*
коло́нія *f*

color /ˈkʌl.ɚ, ˈkʌl.ə(ɹ)/ • *n* ко́лір
m, фа́рба *f*

colour *(British)* ▷ COLOR

column /ˈkɒləm, ˈkɑləm/ • *n*
коло́на *f*, стовп *m*

coma /ˈkəʊmə, ˈkoʊmə/ • *n* ко́ма
f

combine /kəmˈbaɪn, ˈkɒm.baɪn/ •
n об'є́днання • *v*
комбінува́ти, об'є́днувати,
сполуча́ти

come /kʌm/ • *v* (*sp* came, *pp*
come) прихо́дити, прийти́,
приї́хати, приїзди́ти

comed|y /ˈkɑm.ə.di/ • *n* коме́дія
f ~**ian** • *n* гумори́ст *m*, ко́мік
m, комедіа́нт *m*

comfort /ˈkʌm.fət, ˈkʌm.fɚt/ • *n*
зру́чність *f*, виги́дність *f*,
комфо́рт *m*; утіша́ння *n* • *v*
заспоко́ювати, заспоко́їти,
утиша́ти, ути́шити

comma /ˈkɒm.ə, ˈkɑm.ə/ • *n*
перети́нка *f*, ко́ма *f*

command /kəˈmɑːnd, kəˈmænd/ •
n нака́з *m*, кома́нда *f* ~**er** • *n*
команди́р *m*

commence /kəˈmɛns/ • *v*
почина́ти, поча́ти, поча́тися

comment /ˈkɒmɛnt, ˈkɑmɛnt/ • *n*
комента́р *m* • *v*
коментува́ти ~**ator** • *n*
комента́тор *m*

commerc|e /ˈkɑm.ɚs, ˈkɒm.əs/ •
n торгі́вля *f*, коме́рція *f* ~**ial**
• *adj* комерці́йний • *n*
рекла́ма *f*

commit /kəˈmɪt/ • *v* фіксува́ти •
v вчиня́ти ~**ment** • *n*
прихи́льність *f*,

зобов'я́зання *n*,
зобов'яза́ння *n*

committee /kəˈmɪt.i, kɒmɪˈtiː/ • *n*
коміте́т *m*

commodity /kəˈmɑdəti,
kəˈmɒdəti/ • *n* това́р *m*,
проду́кт *m*

common /ˈkɒmən, ˈkɑmən/ • *adj*
зага́льний; звичний,
звича́йний

communication
/kʌˌmjuːnɪˈkeɪʃən/ • *n*
комуніка́ція *f*

communis|m /ˈkɒm.ju.nɪzm̩/ • *n*
комуні́зм *m* ~t • *adj*
комуністи́чний *m* • *n*
комуні́ст *m*, комуні́стка *f*

community /kəˈmjuːnɪti,
k(ə)ˈmjunəti/ • *n* грома́да *f*,
спільно́та *f*

Comoros • *n* Комо́рські
острови́, Комо́ри

companion /kəmˈpænjən/ • *n*
компаньйо́н *m*, това́риш *m*,
супу́тник *m*, супу́тниця *f*

company /ˈkʌmp(ə)ni, ˈkʌmpəni/
• *n* товари́ство *n*, ді́ло *n*,
компа́нія *f*, фі́рма *f*,
підприє́мство *n*; ро́та *f*,
со́тня *f*; ла́нка *f*

compar|e /kəmˈpɛɹ, kəmˈpɛə/ • *v*
порі́внювати, порівня́ти
~ative • *adj* порівня́льний •
n ви́щий сту́пінь *m* ~ison •
n порі́вняння *n*; ступе́ні
порі́вняння

compassion /kəmˈpæʃ.ən/ • *n*
співчуття́ *n*

competition /ˌkɒmpəˈtɪʃən,
ˌkɑːmpəˈtɪʃən/ • *n* конкуре́нція
f, змага́ння *n*; ко́нкурс *m*

complement /ˈkɒmpləmənt,
ˈkɑmpləmənt/ • *n*
доповнення, добавка;
доповнення множин • *v*
доповнювати

complete /kəmˈpliːt/ • *adj*
по́вний • *v* заве́ршувати ~ly
• *adv* по́вністю, цілко́м,
зо́всім

complicated /ˈkɒmplɪkeɪtɪd/ • *adj*
складни́й

component /kʌmˈpoʊnənt/ • *n*
компоне́нт *m*

compos|er • *n* компози́тор *m*
~ition • *n* склад *m*

comprehension /ˌkɒmpɹɪˈhɛnʃn̩,
ˌkɑmpɹɪˈhɛnʃn̩/ • *n* розумі́ння
n, зрозумі́ння *n*

comprise /kəmˈpɹaɪz/ • *v*
складатися із; містити

compromise /ˈkɒmpɹəˌmaɪz,
ˈkɑmpɹəˌmaɪz/ • *n* компромі́с
m

compulsory • *adj*
обов'язко́вий *m*

computer /kəmˈpjuːtə, kəmˈpjutɚ/
• *n* комп'ю́тер *m*

conception /kənˈsɛpʃən/ • *n*
зача́ття *n*

concentrate /ˈkɒn.sən.tɹeɪt,
ˈkɑn.sən.tɹeɪt/ • *v*
зосереджуватися,
концентруватися

concept /ˈkɒn.sɛpt/ • *n*
конце́пція, іде́я, поня́ття

concern /kənˈsɜːn, kənˈsɝːn/ • *n*
занепоко́єння, турбо́та;
конце́рн • *v* стосува́тись
~ing • *prep* щодо

concert /ˈkɒnsɜːt, ˈkɑnsɝːt/ • *n*
конце́рт *m*

conclu|de /kənˈkluːd/ • *v* завершувати, робити висновок; укладати **~sion** • *n* умови́від

concrete /ˈkɒnkɹiːt, ˌkɑnˈkɹiːt/ • *adj* конкре́тний, пе́вний; спра́вжній, ді́йсний, реа́льний • *n* бето́н *m*

condemn /kənˈdɛm/ • *v* осу́джувати, осуди́ти; засу́джувати, засуди́ти

condition /kənˈdɪʃən/ • *n* умо́ва *f*; стан *m* **~al** • *adj* умо́вний

condom /ˈkɒn.dɒm, ˈkɑn.dəm/ • *n* презервати́в *m*

conduct /ˈkɒndʌkt, ˈkɑndʌkt/ • *n* поведі́нка • *v* прово́дити, вести́; керува́ти; вести́ себе́, пово́дитися

conference /ˈkɒnfɹəns, ˈkɒnfəɹəns/ • *n* конфере́нція *f*

confession /kənˈfɛʃən/ • *n* визна́ння *n*, визнаття́ *n*, призна́ння *n*; спо́відь *f*

confiden|t /ˈkɒnfɪdənt, ˈkɑːnfɪdənt/ • *adj* впе́внений, пе́вний **~ce** • *n* впе́вненість, самовпе́вненість

confirmation /ˌkɒnfɚˈmeɪʃən, ˌkɒnfəˈmeɪʃən/ • *n* підтве́рдження *n*; конфірма́ція *f*, миропома́зання *n*

conflict /ˈkɒn.flɪkt, ˈkɑn.flɪkt/ • *n* конфлі́кт *m*

confuse /kənˈfjuːz/ • *v* плутати, переплутати

congratulat|e /kənˈɡɹædʒʊˌleɪt/ • *v* поздоровля́ти, поздоро́вити **~ions** • *interj* віта́ти

conjunction /kənˈdʒʌŋkʃən/ • *n* сполу́чник *m*

connect /kəˈnɛkt/ • *v* з'є́днувати; під'є́днувати **~ion** • *n* зв'язо́к *m*, сполу́чення *n*; пересі́дка *f*

conquer /ˈkɒŋkə, ˈkɑŋkɚ/ • *v* підко́рювати, перемага́ти

consci|ence /ˈkɒnʃəns/ • *n* со́вість *f*, сумлі́ння *n* **~ousness** • *n* свідо́мість

consequence /ˈkɒnsɪkwɛns, ˈkɑnsɪkwɛns/ • *n* на́слідок *m*, на́слід *m*; результа́т

conservative • *adj* консервати́вний • *n* консерва́тор *m*

consider /kənˈsɪdə, kənˈsɪdɚ/ • *v* розгляда́ти, обмірко́вувати

consist /kənˈsɪst/ • *v* склада́тися **~ent** • *adj* послідо́вний; сумі́сний

conspiracy /kənˈspɪɹəsi/ • *n* змо́ва *f*

constitution /ˌkɒnstɪˈtjuːʃən, ˌkɑnstɪˈtuʃən/ • *n* конститу́ція *f*

construct /ˈkɒn.stɹʌkt, ˈkɑn.stɹʌkt/ • *v* будувати *(budaváty)*, збудувати *(zbudaváty)*, конструювати *(konstrujuváty)*, зконструювати *(zkonstrujuváty)* **~or** • *n* констру́ктор *m (konstrúktor)*, буді́вельник *m (budivél'nyk)*

consumer /kənˈsjuːmə, kənˈsumɚ/ • *n* спожива́ч *m (spožyváč)*

contact /ˈkɒntækt, ˈkɒntækt/ • *n* конта́кт *m*; зв'язо́к *m*

container /kənˈteɪnə, kənˈteɪnər/ •
n контéйнер *m*

contemporary • *adj* сучáсний •
n сучáсник *m*, сучáсниця *f*

contempt • *n* кənˈtɛmpt/ • *n*
презúрство, нéхтування;
зневáга

contend /kənˈtɛnd/ • *v*
змагáтися; борóтися;
сперечáтися, наполягáти

contest /ˈkɒn.tɛst, ˈkɑn.tɛst/ • *n*
спір, супéречка; змагáння,
кóнкурс • *v* змагáтися

continent /ˈkɒntɪnənt, ˈkɑntɪnənt/
• *n* континéнт *m*, материк *m*

continue /kənˈtɪnjuː/ • *v*
продóвжувати, продóвжити

contract /ˈkɒntɹækt, ˈkɑntɹækt/ •
n контрáкт *m*, дóговір *m* ~or
• *n* підрядник

contradict /kɒntɹəˈdɪkt/ • *v*
суперечити; запéречувати
~ory • *adj* суперéчний;
суперéчливий;
протилéжний *m*

on the contrary • *phr* навпаки

contribut|e /kənˈt(ʃ)ɹɪ.bjuːt,
kənˈt(ʃ)ɹɪ.b(j)ət/ • *v*
вкладáтися ~ion • *n* внéсок
m, поже́ртвування *n*,
офірувáння *n*, данинá *f*,
дань *f*

controvers|y /ˈkɒntɹəvɜːsi,
ˈkɑntɹəˌvɝsi/ • *n* супере́ка *f*,
спір *m* ~ial • *adj* спíрний,
дискусíйний

convenient /kənˈviːnɪənt,
kənˈvinjənt/ • *adj* зручний

convention /kənˈvɛnʃən/ • *n*
конвéнція *f* (*convéncija*)

convers|e /kənˈvɜːs, kənˈvɝs/ • *v*
розмовля́ти, розмóвити
~ation • *n* розмóва *f*, бесíда
f

conviction /kənˈvɪkʃən/ • *n*
переконáння *n*

convinc|ed /kənˈvɪnst/ • *adj*
перекóнаний, упéвнений
~ing • *adj* перекóнливий

cook /kʊk, kuk/ • *n* кухáр *m*,
кухáрка *f* • *v* готувáти,
кухова́рити, вари́ти

cookie /ˈkʊki/ • *n* пéчиво *n*

cool /kuːl/ • *adj* прохолóдний

cooperat|e /koʊˈɒpəɹeɪt/ • *v*
співпрацювáти ~ion • *n*
співробíтництво *n*,
співпрáця *f*, кооперáція *f*

cop /kɒp, kɑp/ • *n* мент *m*

copper /ˈkɒp.ə, ˈkɒp.ə/ • *n* мідь *f*

copy /ˈkɒpi, ˈkɑpi/ • *n* кóпія *f*

cordial /ˈkɔː.dɪ.əl, ˈkɔɹ.dɪ.əl/ • *n*
сироп *m* (*syróp*)

corner /ˈkɔːnə, ˈkɔːnə(ɹ)/ • *n* кут
m, кутóк *m*; ріг *m*

corpora (*pl*) ▷ CORPUS

corpus /ˈkɔːpəs, ˈkɔɹpəs/ • *n* (*pl*
corpora) кóрпус *m*, збíрник *m*

correct /kəˈɹɛkt/ • *adj*
прáвильний • *v* виправля́ти

corridor /ˈkɒɹɪˌdɔː(ɹ), ˈkɔɹəˌdɔɹ/ • *n*
коридóр *m*

corruption /kəˈɹʌpʃən/ • *n*
розбéщення *n*,
розбéщування *n*; корýпція *f*

cost /kɒst, kɔst/ • *v* (*sp* cost, *pp*
cost) кошту́вати

Costa Rica • *n* Кóста-Рúка *f*

costume /ˈkɒs.tjuːm, ˈkɑs.t(j)uːm/
• *n* костю́м *m*, наря́д *m*

cotton /ˈkɒt.n̩, ˈkɒt.n̩/ • *adj* бавовняний, бавовняний • *n* бавовник *m*; бавовна *f*, вата *f*

couch /kaʊtʃ/ • *n* диван *m*

could (*sp*) ▷ CAN

council /ˈkaʊn.səl/ • *n* рада *f*

count /kaʊnt/ • *v* рахувати, лічити

counter /ˈkaʊntər, ˈkaʊntə/ • *n* стійка *f*, прилавок *m*

country /ˈkʌntrɪ, ˈkɛntrɪ/ • *n* країна *f*, земля *f*; держава *f*; село *n*, провінція *f*

couple /ˈkʌpəl/ • *n* пара; двоє

courage /ˈkʌrɪdʒ/ • *n* сміливість *f*, хоробрість *f*, мужність *f*, відвага *f*

course /kɔːs, kɔːrs/ • *n* курс *m*

court /kɔːt, kɔrt/ • *n* двір *m*; суд; корт • *v* залицятися

courteous /ˈkɜːti.əs, ˈkɜːti.əs/ • *adj* ввічливий *(vvíčlyvyj)*

cousin /ˈkʌz.n̩, ˈkʌz.ɪn/ • *n* двоюрідний брат *m*, брат у перших *m*, двоюрідна сестра *f*, кузен *m*, кузина *f*

cover /ˈkʌvər, ˈkʌvə/ • *n* кришка *f*; обкладинка; покривало • *v* покривати, покрити, прикрити, вкривати, укрити, вкрити

cow /kaʊ/ • *n* корова *f*

coward /ˈkaʊəd, ˈkaʊərd/ • *n* боягуз *m*, боягузка *f* ~**ly** • *adj* боягузливий, боязкий, боязливий

crab /kræb/ • *n* краб *m*

crack /kræk/ • *n* тріщина *f*

crash /kræʃ/ • *n* аварія *f*, катастрофа *f*

crawl /krɔːl, krɔl/ • *v* повзати, повзти

crazy /ˈkreɪzi/ • *adj* божевільний, безумний

cream /kriːm/ • *adj* сметанковий, сметанкового кольору, кремовий, кремового кольору • *n* сметана *f*, вершки; кремовий *m*, кремовий колір *m*; мазь *f*, масть *f*, крем *m*, мастило *n*, помада *f*

creat|e /kriˈeɪt/ • *v* творити, створити ~**ion** • *n* творіння *n*; творення *n*

creative /kriˈeɪtɪv/ • *adj* творчий

creature /ˈkriːtʃə, ˈkriːtʃər/ • *n* істота *f*, тварь *f*, тварина *f*, створіння *n*

credit /ˈkrɛdɪt/ • *n* віра, довіра; визнання; титри; кредит; залік

crew /kruː/ • *n* екіпаж *m*, команда *f* • (*also*) ▷ CROW

crim|e /kraɪm/ • *n* злочин *m* ~**inal** • *adj* злочинний, кримінальний • *n* злочинець *m*, злочинниця *f*

crisis /ˈkraɪsɪs/ • *n* (*pl* crises) криза *f*

criticism /ˈkrɪtɪsɪzəm/ • *n* критика *f*

Croatia • *n* Хорватія *f* ~**n** • *adj* хорватський • *n* хорватська *f*

crop /krɒp, krɑp/ • *n* урожай *m*

cross /krɒs, krɔs/ • *n* хрест *m*; розп'яття *f*; хресне знамення *n*; крос *m* • *v* перетинатися ~ sth out • *v*

викре́слювати,
закре́слювати, ви́креслити

crow /kɪəʊ, kɪoʊ/ • *n* воро́на *f*,
ґа́ва, га́ва *f*

crowd /kɪaʊd/ • *n* на́товп *m*,
гурт; ку́па *f*

crowed *(sp/pp)* ▷ CROW

crown /kɪaʊn/ • *n* коро́на *f*;
тíм'я *n*, ма́ківка *f*

crucial /ˈkɪuːʃəl/ • *adj*
вирiша́льний, критíчний

cruel /kɪʊəl/ • *adj* жорстóкий
~ty • *n* жорстóкість *f*,
безсердéчність *f*

crush /kɪʌʃ/ • *v* дави́ти

cry /kɪaɪ/ • *n* плач; крик • *v*
пла́кати; крича́ти

crystal /ˈkɪɪstəl/ • *n* криста́л *m*;
кришта́ль *m*

Cuba • *n* Ку́ба *f*

cuckoo /ˈkʊkuː, ˈkuːkuː/ • *n*
зозу́ля *f*

cue /kjuː/ • *n* кий *m*

cult /kʌlt/ • *n* культ *m*, сéкта *f*

culture /ˈkʌltʃə, ˈkʌltʃə/ • *n*
культу́ра *f*

cup /kʌp/ • *n* ча́шка *f* **~board** •
n буфéт *m*, серва́нт *m*, ша́фа
f

curio|us /ˈkjʊəɪi.əs, ˈkjʒi.əs/ • *adj*
цiка́вий *m*, допи́тливий *m*
~sity • *n* цiка́вість *f*;
рíдкість *f*, диви́на *f*

currency /ˈkʌɪ.ən.si/ • *n* валю́та
f

current /ˈkʌɪənt/ • *adj*
тепéрiшнiй, ни́нiшнiй,
потóчний • *n* струм *m*, потíк
m, течiя́ *f* **~ly** • *adv* на ра́зi,
тепéр, в да́ний час

curtain /kɜːtn̩, ˈkɜ́tn̩/ • *n* заві́са *f*,
занаві́ска *f*, курти́на *f*,
портьéра *f*

curved /kɜːvd, kɜ́ːvd/ • *adj*
ви́гнутий, зíгнутий, криви́й

custom /ˈkʌstəm/ • *adj*
замóвний, на замóвлення,
нестанда́ртний, пiдíгнаний
• *n* зви́ча́й *m*, обича́й *m*

customer /ˈkʌstəmə, ˈkʌstəmə/ •
n клiéнт *m*, клiéнтка *f*,
замóвник, покупéць

cut /kʌt/ • *v* (*sp* cut, *pp* cut)
рíзати, руба́ти **~ sb/sth off** •
v переби́ти *(perebiti)*

cycle /ˈsaɪkəl/ • *n* цикл *m*,
оборóт *m*

Cypr|us • *n* Кіпр *m* **~iot** • *adj*
кíпрський, кiпрióтський

Czech • *adj* чéський *m* • *n*
чéська *f* **~ Republic** • *n*
Чéська Респу́блiка *f*, Чéхiя *f*

D

dad /dæd/ • *n* та́то *m*, та́тусь *m*,
па́па *m*

dairy /ˈdɛəɪi/ • *n* молóчка *f*,
молóчнi ви́роби, молóчнi
проду́кти, набíл *m*

dam /dæm/ • *n* грéбля *f*, да́мба
f

damn /dæm/ • *adj* прóклятий •
v проклина́ти, прокля́сти

damp /dæmp/ • *adj* сири́й • *n*
волóга, волóгiсть

dance /dæns, dɑːns/ • *n* та́нець *m*, та́нок *m* • *v* танцюва́ти **~r** • *n* танцюри́ст *m*; танцюри́стка *f*

danger /'dem.dʒə(ɹ), 'deɪndʒɚ/ • *n* небезпе́ка *f*; загро́за *f* **~ous** • *adj* небезпе́чний

Danish • *n* да́тський

dare /deə(ɹ), deɚ/ • *v* смі́ти, дерза́ти, нава́жуватися *(navážuvatysia)*, нава́житися *(navážytysia)* **~devil** • *n* шибайголова́ *f*, зірвиголова́ *f*, смільча́к *m*, сміли́вець *m*, молоде́ць *m*

dark /dɑːk, dɑːk/ • *adj* те́мний **~ness** • *n* темрява́ *f*, тьма *f*, морок *m*, темнота́ *f*

data /'deɪtə, 'dætə/ • *n* да́ні **~base** • *n* ба́за да́них *f*

date /deɪt/ • *n* фі́нік *m*; да́та *f*

daughter /'dɔːtə(ɹ), 'dɔ.tɚ/ • *n* дочка́ *f*, до́нька *f*

dawn /dɔːn, dɔːn/ • *n* зоря́ *f*, світа́нок *m*; схід *m*

day /deɪ/ • *n* день *m*, до́ба *f*

dead /dɛd/ • *adj* ме́ртвий

deaf /dɛf, diːf/ • *adj* глухи́й

deal /diːl/ • *n* уго́да • *v* (*sp* dealt, *pp* dealt) роздава́ти, розподіля́ти; торгува́ти; ма́ти спра́ву, відати

dealt (*sp/pp*) ▷ DEAL

dear /dɪɹ, dɪə/ • *adj* дороги́й, шано́вний • *n* коха́ний *m*

death /dɛθ/ • *n* смерть *f*

debate /dɪ'beɪt/ • *n* деба́ти, диску́сія *f*

debt /dɛt/ • *n* борг *m*, зобов'я́зання, обо́в'язок *m*

decade /'dɛkeɪd/ • *n* десятилі́ття *n*, десятири́ччя *n*

deceive /dɪ'siːv/ • *v* обма́нювати, обману́ти

December • *n* гру́день *m*

decent /'diːsənt/ • *adj* присто́йний

deception /dɪ'sɛpʃən/ • *n* обма́н *m*

decide /dɪ'saɪd/ • *v* виріша́ти, ви́рішити

decision /dɪ'sɪʒən/ • *n* рі́шення *n*, вирі́шення *n*

deck /dɛk/ • *n* коло́да *f*; па́луба *f*

decl|ine /dɪ'klaɪn/ • *n* зни́ження, спад **~ension** • *n* відмі́на *f*

deep /diːp/ • *adj* глибо́кий

deer /dɪɹ, dɪɹ/ • *n* оле́нь *m*

defeat /dɪ'fiːt/ • *n* пора́зка *f* • *v* поража́ти, порази́ти

defence (*British*) ▷ DEFENSE

defen|d /dɪ'fɛnd, dɛ'fɛnd/ • *v* обороня́ти, оборони́ти, захища́ти, захисти́ти **~der** • *n* захисни́к *m*, захисни́ця *f* **~se** • *n* оборо́на *f*, за́хист *m* **~seless** • *adj* беззахи́сний

deficit /'dɛfɪsɪt, 'dɛfəsɪt/ • *n* дефіци́т *m*

defin|e /dɪ'faɪn/ • *v* визнача́ти, ви́значити **~ition** • *n* озна́чення *n*, ви́значення *n*, дефіні́ція *f*

definite /'dɛfɪnɪt/ • *adj* ви́значений, пе́вний

degree /dɪ'gɹiː/ • *n* гра́дус *m*; сту́пінь *m*, рі́вень *m*

delegat|e /ˈdɛlɪɡət, ˈdɛlɪˌɡeɪt/ • *n*
делега́т *m*, делега́тка *f* **~ion**
• *n* делега́ція *f*

deliberate /dɪˈlɪbərət, dəˈlɪbərət/ •
adj навмисний *(navmýsnyj)*,
умисний *(umýsnyj)* **~ly** • *adv*
навмисно, свідо́мо,
нароком, умисно, зумисно,
наро́шне, зна́рошне,
нарочи́то, зна́рошна,
назна́рошне, назна́рошки;
пово́лі, пові́льно, зва́гом,
проквóлисто, несква́пно,
неквапливо, виважено

delicious /dɪˈlɪʃəs, dəˈlɪʃəs/ • *adj*
сма́чний

deliver /dɪˈlɪvə(ɹ), dɪˈlɪvəˈ/ • *v*
доставля́ти **~y** • *n* доста́вка
f; ро́ди, поло́ги,
наро́дження *n*

demand /dɪˈmɑːnd, dɪˈmænd/ • *n*
потре́ба, по́пит; ви́мога • *v*
вимага́ти

democra|cy /dɪˈmɒkɹəsi,
dɪˈmɑkɹəsi/ • *n* демокра́тія *f*
~tic • *adj* демократичний

demographic /dɛməˈɡɹæfɪk/ • *adj*
демографічний

demon /ˈdiːmən/ • *n* біс *m*,
де́мон *m*, чорт *m*

demonstrat|or /ˈdɛmənstɹeɪtə(ɹ)/
• *n* демонстра́нт *m*,
демонстра́нтка *m*,
маніфеста́нт *m*,
маніфеста́нтка *m* **~ion** • *n*
демонстра́ція *f*,
маніфеста́ція *f*

Denmark • *n* Да́нія *f*

density /ˈdɛn.sɪ.ti, ˈdɛn.sə.ti/ • *n*
щі́льність *f*, густота́ *f*,
густина́ *f*, гу́стість *f*

dentist /ˈdɛntɪst/ • *n* зубни́й
лі́кар *m*, данти́ст *m*

den|y /dɪˈnaɪ/ • *v* запере́чувати,
відкида́ти **~ial** • *n*
заперечення *n*; відмова *f*

depart /dɪˈpɑːt, dɪˈpɑɹt/ • *v*
відправля́тися,
відпра́витися **~ure** • *n*
відпра́влення *n*, ви́їзд *m*,
від'їзд *m*, виліт *m (výlit)*;
відхи́лення *n*; смерть *f*,
відхід *m*, упоко́єння *n*,
упокій *m*

depend /dɪˈpɛnd/ • *v* зале́жати
~ent • *adj* зале́жний,
несамості́йний

depression /dɪˈpɹɛʃən, dəˈpɹɛʃ(ə)n/
• *n* депре́сія *f*

deprivation /dɛpɹɪˈveɪʃən/ • *n*
позбавлення *n*

depth /dɛpθ/ • *n* глибина́ *f*

deputy /ˈdɛpjəti/ • *n* засту́пник
m, засту́пниця *f*; депута́т *m*

descend /dɪˈsɛnd/ • *v*
спуска́тися, спусти́тися

descri|be /dəˈskɹaɪb/ • *v*
опи́сувати, описа́ти **~ption**
• *n* о́пис *m*

desert /dɪˈzɜː(ɹ)t, dɪˈzɹət/ • *n*
пусте́ля *f*, пусти́ня *f* **~er** • *n*
дезерти́р *m*

deserve /dɪˈzɜːv, dɪˈzɜv/ • *v*
заслуго́вувати, заслужи́ти

design /dɪˈzaɪn/ • *n* диза́йн *m*
~er • *n* диза́йнер *m*

desire /dɪˈzaɪə, dɪˈzaɪɹ/ • *v*
бажа́ння *n* • *v* бажа́ти

desk /dɛsk/ • *n* письмо́вий стіл
m, стіл *m*, па́рта *f*

desperate /ˈdɛsp(ə)ɹət/ • *adj*
розпа́чливий

despite /dɪˈspaɪt/ • *n*
незважаючи на, всупереч

dessert /dɪˈzɜːt, dɪˈzŝt/ • *n* десéрт
m

destination /dɛstɪˈneɪʃən/ • *n*
признáчення

destiny /ˈdɛstɪni/ • *n* дóля *f*,
льос *m*

destroy /dɪˈstrɔɪ/ • *v* нищити,
руйнувáти, розвалити

detail /ˈdiː teɪl, ˈdiˌteɪl/ • *n* детáль
f (*detál*); наряд (*narjád*)

detective /dɪˈtɛktɪv/ • *n*
детектив *m*, нишпорка *f*,
слідґець *m*, сищик *m*

determine /dɪˈtɜːmɪn, dɪˈtʃmɪn/ • *v*
встановлювати,
обмежувати; визначати ~**d**
• *adj* рішучий

develop /dɪˈvɛˌləp, ˈdɛvˌləp/ • *v*
розвивáтися, розвинутися;
розвивáти, розвити,
розвинути ~**ment** • *n*
рóзвиток *m*

device /dəˈvaɪs/ • *n* пристрій *m*

devil /ˈdɛvəl, ˈdɛvɪl/ • *n* чорт *m*,
біс *m*, дияʹвол *m*, дідько *m*

devote /dɪˈvəʊt/ • *v*
присвячувати, приділяти

diabetes /ˌdaɪəˈbiːtiːz/ • *n* діабет
m (*diabét*)

diagnosis /ˌdaɪəgˈnəʊsɪs/ • *n*
діáгноз *m*

diagram /ˈdaɪ.ə.ɡræm/ • *n*
діаграма *f*, графік *m*

dialogue /ˈdaɪəlɒɡ, ˈdaɪəˌlɔɡ/ • *n*
діалóг *m*, розмóва *f*, бесіда *f*

diamond /ˈdaɪ(ə)mənd/ • *adj*
діамантовий • *n* алмáз *m*,
діамáнт *m*

diary /ˈdaɪəri/ • *n* щодéнник *m*

dictation /dɪkˈteɪʃən/ • *n*
диктáнт *m*

dictator /dɪkˈteɪtə(ɹ), ˈdɪkteɪtəɹ/ •
n диктáтор *m* ~**ship** • *n*
диктатура *f*

dictionary /ˈdɪkʃ(ə)n(ə)ɹi,
ˈdɪkʃənɛɹi/ • *n* словник *m*

did (*sp*) ▷ DO

die /daɪ/ • *n* кістка *f* • *v*
умирáти, умéрти, помéрти

diet /ˈdaɪət/ • *n* діéта *f*, їжа *f*

differ /ˈdɪfə/ • *v* відрізнятися,
різнитися

differen|t /ˈdɪfˌɹnənt/ • *adj* інший,
відмінний; різний ~**ce** • *n*
різниця *f*

difficult /ˈdɪfɪkəlt/ • *adj* важкий,
трудний ~**y** • *n* вáжкість *f*,
трудність *f*, тяжкість *f*

dig /dɪɡ/ • *v* (*sp* dug, *pp* dug)
копáти, рити, викóпувати,
викопати, виривáти, вирити

digit /ˈdɪdʒɪt/ • *n* пáлець *m*;
цифра *f* ~**al** • *adj*
пальцьовий; цифровий

digni|ty /ˈdɪɡnɪti/ • *n*
достóїнство *n*, гідність *f*
~**fied** • *adj* гідний

dilemma /daɪˈlɛmə/ • *n* дилема
f (*dyléma*)

din|e /daɪn/ • *v* вечеряти
(*večérjaty*), повечеряти
(*povečérjaty*) ~**ner** • *n* вечéря
f; обíд *m*

diploma|t /ˈdɪ.plə.mæt/ • *n*
дипломáт *m* ~**cy** • *n*
дипломáтія *f*

direct /d(a)ɹˈɹɛkt/ • *adj* прямий,
безпосерéдній • *v* керувáти;
скеровувати ~**ion** • *n*

D

напря́мок *m*, на́прям *m* **~or**
● *n* дире́ктор *m*, режисе́р *m*

dirt /dɜːt, dɝt/ ● *n* бруд *m*;
компрома́т *m* **~y** ● *adj*
бру́дний

disappear /dɪsəˈpɪə, dɪsəˈpɪɪ/ ● *v*
зника́ти, зни́кнути

disappoint /dɪsəˈpɔɪnt/ ● *v*
розчаро́вувати,
розчарува́ти **~ed** ● *adj*
розчаро́ваний **~ment** ● *n*
розчарува́ння *n*

disaster /dɪˈzæs.tɚ, dɪˈzɑːs.tə(ɹ)/ ●
n катастро́фа *f*, лихо́ *n*,
неща́стя *n*, го́ре *n*, біда́ *f*

disc *(British)* ▷ DISK

discard /dɪsˈkɑːd, dɪsˈkɑɹd/ ● *v*
відкидати, відмовлятися

discipline /ˈdɪ.sə.plɪn/ ● *n*
дисциплі́на *f*

discount /dɪsˈkaʊnt, ˈdɪskaʊnt/ ●
n зни́жка *f*

discover /dɪsˈkʌvə, dɪsˈkʊvə/ ● *v*
ви́явити, знайти́;
відкрива́ти, виявля́ти **~y**
● *n* відкриття́ *n (vidkrýtija)*

discrimination /dɪskɹɪmɪˈneɪʃən/
● *n* дискриміна́ція *f*

discuss /dɪsˈkʌs/ ● *v*
дискутува́ти, обгово́рювати
~ion ● *n* диску́сія *f*,
обмірку́ва́ння *f*

disease /dɪˈziːz, dɪˈziz/ ● *n*
хворо́ба *f*

dish /dɪʃ/ ● *n* таріл́ка *f*, ми́ска *f*,
блю́до; стра́ва

dishonest /dɪˈsɒnɪst, dɪˈsɑnɪst/ ●
adj нече́сний, несумлі́нний

disk /dɪsk/ ● *n* диск *m*;
пласти́нка *f*

dismiss /dɪsˈmɪs, dɪzˈmɪs/ ● *v*
звільня́ти, звільни́ти;
відпуска́ти **~al** ● *n*
звільнення *n*, звільня́ння *n*

disorder /dɪsˈɔːdə(ɹ), dɪsˈɔːdɚ/ ● *n*
безла́ддя *n*, бе́злад *m*,
не́лад *m*, розгардія́ш *m*,
непоря́док *m*; ро́злад *m*

displace /dɪsˈpleɪs/ ● *v*
переміщати; витісняти,
заміщати **~ment** ● *n*
переміщення

display /dɪsˈpleɪ/ ● *n* дисплей *m*
● *v* пока́зувати, показа́ти

distan|t /ˈdɪstənt/ ● *adj* дале́кий
~ce ● *n* відда́лення *n*,
ві́дстань *f*, ві́ддаль *f*,
диста́нція *f*

distract /dɪsˈtɹækt/ ● *v*
відволіка́ти, відволікти́

distress /dɪˈstɹɛs/ ● *n* го́ре *n*,
лихо *n*, страждання *n*;
небезпека *f*, загроза *f*

district /ˈdɪstɹɪkt/ ● *n* о́круг,
райо́н

disturb /dɪsˈtɜːb/ ● *v* турбува́ти,
міша́ти, триво́жити,
перешкоджа́ти, непоко́їти
~ing ● *adj* триво́жний

dive /ˈdaɪv/ ● *v* ниря́ти

diverse /daɪˈvɜːs, dɪˈvɝs/ ● *adj*
рі́зний, різноманітний

divi|de /dɪˈvaɪd/ ● *v* діли́ти **~sion**
● *n* ді́лення *n*; дивізі́я *f*

divine /dɪˈvaɪn/ ● *adj*
боже́ственний, бо́жий

divorce /dɪˈvɔːs, dɪˈvɔɹs/ ● *n*
розлу́чення *n*

do /duː, du/ ● *v* (*sp* did, *pp* done)
роби́ти, зроби́ти

dock /dɒk, dɑk/ ● *n* док *m*

doctor /ˈdɒktə, ˈdaktɚ/ • *n* до́ктор *m* **~ate** • *n* докторський ступінь *m* (*dóktorskyy stúpin*), докторат *m* (*doktorát*)

doctrine /ˈdɒktrɪm, ˈdɒktrɪn/ • *n* доктри́на *f*, ві́ра *f*; уче́ння *n*

document /ˈdɒkjʊmənt, ˈdɑkjʊmənt/ • *n* докуме́нт *m* **~ation** • *n* документа́ція *f*

documentary /ˌdɒk.jəˈmɛn.tɹi, ˌdɑːˈkjəˈmɛn.tɚ.i/ • *adj* документа́льний • *n* документа́льний фільм *m*

dog /dɒg, dɔg/ • *n* собака, пес *m* (*pes*); соба́ка *f*

doll /dɒl, dɑl/ • *n* ля́лька *f*

dollar /ˈdɒlə, ˈdɑlɚ/ • *n* до́лар *m*

dolphin /ˈdɒlfɪn, ˈdɑlfɪn/ • *n* дельфін *m*

done *(pp)* ▷ DO

door /dɔː, dɔɹ/ • *n* две́рі **~man** • *n* швейца́р *m*, портьє́ *m*, консьє́рж *m*, консьє́ржка *f* **~step** • *n* порі́г *m*

dose /dəʊs, doʊs/ • *n* доза *f* (*dóza*)

dot /dɒt, dat/ • *n* кра́пка *f*, то́чка *f*; дот *m*

doubt /daʊt, dʌʊt/ • *n* су́мнів *m* • *v* сумніва́тися

dough /dəʊ, doʊ/ • *n* ті́сто *n*

dove /dʌv/ • *n* го́луб *m*

down /daʊn/ • *adv* вниз, дони́зу; внизу́ **~load** • *v* завантажити

dozen /ˈdʌzn̩/ • *n* дю́жина *f*

dragon /ˈdræɡən/ • *n* змій *m*, змі́їха *f*, драко́н *m* **~fly** • *n* стрекоза́ *f*, ва́жка *f*, ба́бка *f*

drain /dreɪn/ • *v* спуска́ти, спусти́ти; вису́шувати; висна́жувати

drama /ˈdɹɑːmə, ˈdɹɑmə/ • *n* дра́ма *f*, п'є́са *f*

drank *(sp)* ▷ DRINK

draw /dɹɔː, dɹɔ/ • *v* (*sp* drew, *pp* drawn) рисува́ти, нарисува́ти, малюва́ти, намалюва́ти **~ing** • *n* рису́нок *m*, малю́нок *m*, кре́слення *n*

drawer /dɹɔː(ɹ), dɹɔɹ/ • *n* шухля́да *f*, висувний я́щик *m*

drawn *(pp)* ▷ DRAW

dream /dɹiːm, dɹim/ • *n* сон *m*, сновиді́ння *n*; мрія *f* • *v* (*sp* dreamt, *pp* dreamt) сни́тися; мрі́яти, ма́рити, мрі́ти

dreamed *(sp/pp)* ▷ DREAM

dreamt *(sp/pp)* ▷ DREAM

dress /dɹɛs/ • *n* пла́ття *n*, су́кня *f*; оде́жа *f*, о́дяг *m* • *v* одяга́ти; одяга́тися **~ing gown** • *n* хала́т *m*

drew *(sp)* ▷ DRAW

drink /dɹɪŋk/ • *n* напій *m* • *v* (*sp* drank, *pp* drunk) пи́ти, ви́пити **~ing** • *n* пиття́

drive /dɹaɪv/ • *v* (*sp* drove, *pp* driven) гна́ти, ганя́ти; ї́хати, ї́здити, вести́, води́ти **~r** • *n* водій *m*, шофе́р *m*

driven *(pp)* ▷ DRIVE

drop /dɹɒp, dɹɑp/ • *n* кра́пля *f* • *v* упуска́ти, упусти́ти

drought /dɹaʊt/ • *n* за́суха *f*

drove *(sp)* ▷ DRIVE

drown /dɹaʊn/ • *v* тону́ти, потопа́ти, утопа́ти; топи́ти, потопля́ти

D

drug /drʌg/ • *n* нарко́тик *m*

drum /drʌm/ • *n* бараба́н *m*

drunk /drʌŋk/ • *adj* п'я́ний • *n* п'я́ниця *m*, пия́к *m*, пия́ка *m*, пите́ць *m*, запива́йло *m* • *(also)* ▷ DRINK

dry /draɪ/ • *adj* сухи́й

Dublin • *n* Ду́блін *m*

duck /dʌk/ • *n* ка́чка *f*; паруси́на *f*, гру́бе полотно́ *n* • *v* порина́ти; ухиля́ти; зану́рювати, загли́блювати

due /djuː, du/ • *adj* очі́куванний • *adv* то́чно • *n* нале́жне

dug *(sp/pp)* ▷ DIG

dull /dʌl/ • *adj* тупи́й

during /ˈdjʊərɪŋ, ˈdʊərɪŋ/ • *prep* про́тягом; під час

dust /dʌst/ • *n* пил *m*

Dutch • *n* нідерла́ндська *f*, голла́ндська *f*

duty /ˈdjuːti, duːti/ • *n* борг *m*, обов'язок *m* *(obovˈjázok)*; ми́то *n*, збір *m*

dwell /dwɛl/ • *v* *(sp* dwelt, *pp* dwelt) ме́шкати, жи́ти, прожива́ти

dwelled *(sp/pp)* ▷ DWELL

dwelt *(sp/pp)* ▷ DWELL

E

each /iːtʃ, itʃ/ • *det* ко́жний *m*

eager /ˈiːgər, ˈiːgə/ • *adj* нетерпля́чий, нетерпели́вий

eagle /ˈiːgəl/ • *n* оре́л *m*

ear /ɪə, ɪɪ/ • *n* ву́хо *n*; ко́лос *m*

early /ˈɜːli, ˈɜːli/ • *adj* ра́нній, завча́сний • *adv* ра́но, завча́сно

earn /ɜːn, ɜn/ • *v* заробля́ти, зароби́ти

earth /ɜːθ, ɜθ/ • *n* земля́ *f* **~quake** • *n* землетру́с *m*

easily /ˈiːzɪli, ˈiːzə.li/ • *adv* зру́чно; легко *(léhko)*

east /iːst/ • *n* схід *m* **~ern** • *adj* східний

easy /ˈiːzi, izi/ • *adj* легки́й

eat /iːt, it/ • *v* *(sp* ate, *pp* eaten) ї́сти

eaten *(pp)* ▷ EAT

echo /ˈɛkəʊ, ˈɛkoʊ/ • *n* *(pl* echoes) луна́ *f*, ві́дгук *m*, відго́мін *m*

ecology /ɛˈkɒlədʒi, iˈkɑ.lə.dʒi/ • *n* еколо́гія *f*

economy /iˈkɒn.ə.mi, iˈkɑn.ə.mi/ • *n* еконо́міка *f*, господа́рство *n* **~ics** • *n* еконо́міка *f*

ecosystem /ˈiːkəʊˌsɪstəm, ˈikoʊˌsɪstəm/ • *n* екосисте́ма *f*

Ecuador • *n* Еквадо́р *m*

edge /ɛdʒ/ • *n* край, грань; ребро́; перева́га; ві́стря, лезо

Edinburgh • *n* Единбург *m*

edit /ˈɛdɪt/ • *v* редагува́ти, змі́нювати **~ion** • *n* вида́ння *n*

education /ˌɛdʒʊˈkeɪʃn/ • *n* осві́та *f*

eel /iːl/ • *n* вугóр *m*

effect /ɪˈfɛkt, əˈfɛkt/ • *n* ефе́кт *m*, результа́т *m* **~ive** • *adj* ефекти́вний

efficient /ɪˈfɪʃənt, əˈfɪʃənt/ • *adj* ефекти́вний

effort /ˈɛfət, ˈɛfət/ • *n* зуси́лля *f*, спро́ба *f*, намага́ння *n*, стара́ння *n*

egg /ɛg, eɪg/ • *n* яйце́ *n*; яйцекліти́на *f*

egoism • *n* егої́зм *m* (ehojízm)

Egypt • *n* Єги́пет *m*, Єги́пет *m*

eight /eɪt/ • *n* вісі́мка *f* • *num* вісі́м, во́сьмеро ~**een** • *num* вісімна́дцять ~**h** • *adj* во́сьмий (vósʹmyj) ~**y** • *num* вісімдеся́т

either /ˈaɪð.ə(ɹ), aɪ/ • *adv* тако́ж • *conj* або́ ... або́ • *det* ко́жен

El Salvador • *n* Сальвадо́р *m*

elbow /ˈɛl.bəʊ, ˈɛl.boʊ/ • *n* лі́коть *m*

elder /ˈɛldə, ˈɛldə/ • *adj* ста́рший (stáršyj) • *n* бузина́ *f*; бузина́ *f*

elect /ɪˈlɛkt/ • *v* обира́ти, обра́ти, вибира́ти, ви́брати ~**ion** • *n* вибор

electricity /ˌiːlekˈtɹɪsɪti, əˌlɛkˈtɹɪsɪti/ • *n* еле́ктрика *f*

electronics • *n* електро́ніка *f*

element /ˈɛl.ɪ.mənt/ • *n* елеме́нт *m*

elephant /ˈɛləfənt/ • *n* слон *m*, слони́ха *f*

eleven /ɪˈlɛv.ən/ • *num* одина́дцять

eliminate /ɪˈlɪmɪneɪt/ • *v* ліквідува́ти; зни́щити

elite /ɪˈliːt/ • *n* елі́та *f*

email /ˈiːmeɪl/ • *n* електро́нна по́шта *f*, іме́йл *m*, мейл *m*

embarrassing • *adj* бенте́жний, утру́днений

embassy /ˈɛmbəsi/ • *n* посо́льство *n*

embrace /ɪmˈbɹeɪs/ • *v* обійма́ти, обійня́ти, обніма́ти, обня́ти

emerge /i.ˈmɜdʒ/ • *v* з'явля́тися, виника́ти; вихо́дити; сплива́ти

emotion /ɪˈmoʊʃən, ɪˈməʊʃən/ • *n* емо́ція *f*, почуття́ *n*

emperor /ˈɛmpəɹə, ˈɛmpəɹə/ • *n* імпера́тор *m*, цар

emphasis /ˈɛmfəsɪs/ • *n* (*pl* emphases) на́голос *m*

empire /ˈɛmpaɪə, ˈɛm.paɪ/ • *n* імпе́рія *f*, ца́рство *n*

employ /ɪmˈplɔɪ/ • *v* найма́ти на робо́ту, найня́ти на робо́ту, працевлашто́вувати, працевлаштува́ти ~**ee** • *n* робітни́к *m*, робітни́ця *f*, працівни́к *m*, працівни́ця *f*, співробітни́к *m*, співробітни́ця *f*

empt|y /ˈɛmpti/ • *adj* поро́жній, пусти́й ~**iness** • *n* порожне́ча *f*

enable /ɪˈneɪbəl/ • *v* активува́ти, вмика́ти, включа́ти

enclose /ənˈkloʊz, ɪnˈkləʊz/ • *v* ото́чувати, обме́жувати; вклада́ти, уклада́ти

encounter /ɪnˈkaʊntəɹ, ɪnˈkaʊntə/ • *n* зустрі́ч *f* (zústrič)

encourage /ɪnˈkʌɹɪdʒ, ɪnˈkɜɹɪdʒ/ • *v* заохо́чувати, підбадьо́рювати, підтри́мувати ~**ment** • *n* підбадьо́рення *n*, заохо́чення *n*

end /ɛnd/ • *n* кіне́ць *m*, край *m* • *v* закі́нчувати, закі́нчити, кінча́ти, скі́нчити

enemy /'ɛnəmi/ • *n* во́рог *m*, проти́вник *m*, супроти́вник *m*, не́друг *m*

energy /'ɛnəʤi, 'ɛnərʤi/ • *n* ене́ргія *f*

engage /ɪn'geɪʤ/ • *v* заді́ювати, найма́ти

engine /'ɛnʤɪn/ • *n* двигу́н *m*, мото́р *m* **~er** • *n* інжене́р *m*; маши́ніст *m*

English • *adj* англі́йський • *n* англі́єць *m*, англі́йка *f*, англі́йці *n* англі́йський *f*, англі́йська *f*

enhance /ɪn'hɑːns, ɪn'hæns/ • *v* збі́льшувати; покра́щувати

enjoy /ɪn'ʤɔɪ, ɛn'ʤɔɪ/ • *v* насолоджуватися

enormous /ɪ'nɔː(ː)məs/ • *adj* величе́зний, здорове́нний

enough /ɪ'nʌf/ • *adv* доста́тньо, до́сить, достатньо

enslave • *v* понево́лювати

enter /'ɛntə(ɹ), 'ɛntər/ • *v* входи́ти, уходи́ти, вві́йти́, уві́йти

enterprise /'ɛntəˌpɹaɪz/ • *n* підприє́мство *n*

entertain /ˌɛntə'teɪn, ˌɛntər'teɪn/ • *v* розважа́ти, забавля́ти, ба́вити **~ing** • *adj* розважа́льний, заба́вний **~ment** • *n* розва́га *f*, заба́ва *f*, за́бавка *f*, розри́вка *f*, уті́ха *f*, розра́да *f*

enthusiasm /ɪn'θjuːziæz(ə)m, -θuː-/ • *n* ентузіа́зм *m*, запа́л *m* **~t** • *n* ентузіа́ст *m*, ентузіа́стка *f*

entire /ɪn'taɪə, ɪn'taɪər/ • *adj* ці́лий, весь, по́вний

entitle /ən'taɪtəl, ən'taɪt̬əl/ • *v* дава́ти пра́во; озагла́влювати, назива́ти

entity /'ɛn.tɪ.ti/ • *n* об'є́кт; су́тність

entrance /'ɛn.tɹəns/ • *n* вхід *m*, в'їзд *m*

entrepreneur /ˌɒn.tɹə.pɹə'nɜː, ˌɑn.t(ʃ)ɹə.pɹə'nʊər/ • *n* підприє́мець *m*, підприє́мниця *f*

envelope /'ɛn.və.ləʊp, 'ɛn.və.loʊp/ • *n* конве́рт *m*

environment /ɪn'vaɪə(n)mənt/ • *n* середо́вище *n*; навко́лишнє середо́вище *n*

envly /'ɛnvi/ • *n* за́здрість *f*, за́висть *f* • *v* за́здрити **~ious** • *adj* за́здрісний, зави́сний

epidemic /ˌɛpɪ'dɛmɪk/ • *n* епіде́мія *f*

episode /'ɛpɪsəʊd, 'ɛ.pə.soʊd/ • *n* епізо́д *m*

equal /'iːkwəl/ • *adj* рі́вний, одна́ковий, одна́кий **~ity** • *n* рі́вність *f*; рівнопра́вність *f*, рівнопра́в'я *n*

equation /ɪ'kweɪʒən/ • *n* рівня́ння *n*

equipment /ɪ'kwɪpmənt/ • *n* обла́днання *n*, спора́дження *n*

equivalent /ɪ'kwɪvələnt/ • *adj* рівноці́нний, еквівале́нтний

era /'ɪɹ.ə, 'ɛɹ.ə/ • *n* е́ра *f*, епо́ха *f*

erection /ɪ'ɹɛkʃən/ • *n* ере́кція *f* (erékcija)

Eritrea • *n* Еритре́я *f*

error /ˈerə(r), ˈɛrɚ/ • n поми́лка f

eruption /ɪˈrʌpʃən/ • n
ви́верження n, ви́бух m

escalator /ˈɛs.kə.leɪ.tə,
ˈɛs.kə.leɪ.tɚ/ • n ескала́тор m

escape /ɪˈskeɪp/ • n втеча f

especially /ɪˈspeʃ(ə)li, ɛkˈspeʃ(ə)li/
• adv особли́во

essen|ce /ˈɛsəns/ • n су́тність f,
суть f **~tial** • adj необхі́дний;
важли́вий, істо́тний;
основни́й **~tially** • adv по
су́ті

establish /ɪˈstæb.lɪʃ/ • v
встано́влювати;
засно́вувати **~ment** • n
істе́блішмент m

Estonia • n Есто́нія f **~n** • adj
есто́нський m • n есто́нська
f (estóns'ka)

etern|al /ɪˈtɜːnəl, ɪˈtɜːnəl/ • adj
ві́чний **~ity** • n ві́чність f

ethics /ˈɛθ.ɪks/ • n е́тика f

Ethiopia • n Ефіо́пія f

EU (abbr) ▷ EUROPEAN UNION

euro /ˈjʊərəʊ, ˈjʊroʊ/ • n є́вро n

Europe • n Євро́па f **~an** • adj
європе́йський • n
європе́єць m, європе́йка f

European Union • n
Європе́йський Сою́з m,
Євросою́з m

evacuate • v евакуюва́ти

evade /ɪˈveɪd/ • v ухиля́тися

even /ˈiːvən, ˈivən/ • adj рі́вний;
па́рний • adv наві́ть

evening /ˈiːvnɪŋ, ˈivnɪŋ/ • n ве́чір m

event /ɪˈvɛnt/ • n поді́я f **~ually**
• adv зре́штою

ever /ˈevə, ˈevɚ/ • adv завжди́;
коли́-не́будь

every /ˈev.(ə.)ɹi/ • det ко́жний
~body • pron усі́, всі, ко́жний
~one • pron усі́, ко́жний,
вся́кий **~thing** • pron усе́,
все **~where** • adv усю́ди
(usjúdy), повсю́ди (povsjúdy),
скрізь

eviden|t /ˈev.ɪ.dənt/ • adj
очеви́дний, наочний **~ce** • n
до́каз, сві́доцтво, сві́дчення
• v сві́дчити

evil /ˈiːvɪl, ˈivəl/ • adj злий • n
зло n, лихо n (lýxo)

evolution /ˌiːvəˈluːʃ(ə)n,
ˌɛvəˈluʃ(ə)n/ • n еволю́ція f

exact /ɪɡˈzækt/ • adj то́чний
(tóčnyj), докла́дний
(dokládnyj) • v стяга́ти;
домага́тися **~ly** • adv то́чно
• interj са́ме

exaggeration • n
перебі́льшення n

exam ▷ EXAMINATION

examin|e /ɪɡˈzæmɪn/ • v
огляда́ти; обсте́жувати;
визнача́ти **~ation** • n
екза́мен m, і́спит m, тест m

example /ɪɡˈzɑːmpḷ, əɡˈzæːmpɪn/ •
n при́клад m **for ~** • phr
наприклад

excellent /ˈɛksələnt/ • adj
відмі́нний (vidminnyj),
чудо́вий (čudóvyj)

except /ɪkˈsɛpt, ɛˈksɛpt/ • prep
крім, за ви́нятком **~ion** • n
ви́няток m, ви́йняток m
~ional • adj виняткко́вий;
відмі́нний

exchange /ɛksˈtʃeɪndʒ/ ● v
обмі́нюватися, обміна́тися

excited /ɪkˈsaɪtɪd/ ● adj
збу́джений, схвильо́ваний

excla|im /ɛkˈskleɪm/ ● v
вигу́кувати, ви́гукнути,
скри́кувати, скри́кнути
~mation ● n ви́гук m (výhuk)
~mation mark ● n окли́чний
знак m, знак о́клику m

exclude /ɪksˈkluːd/ ● v
виключа́ти

excuse /ɪkˈskjuːz, ɪksˈkjuz/ ● n
відмо́вка f, вимовка

execut|e /ˈɛksɪˌkjuːt/ ● v
стра́чувати, стра́тити **~ion** ●
n стра́та f, ка́ра на смерть f,
екзеку́ція f

executive /ɪɡˈzɛkjʊtɪv/ ● n
викона́вчий дире́ктор,
адміністра́тор; викона́вча
вла́да

exercise /ˈɛk.sə.saɪz, ˈɛk.sɚ.saɪz/ ●
n впра́ва f; заря́дка f ● v
вправля́тися,
практикува́тися,
тренува́тися

exhibition /ɛksɪˈbɪʃən/ ● n
ви́ставка f, експози́ція f

exile /ˈɛɡˌzaɪl/ ● v висила́ти,
ви́слати

exist /ɪɡˈzɪst/ ● v існува́ти
(isnuváty) **~ence** ● n
існува́ння n, буття́ n

exit /ˈɛɡzɪt/ ● n ви́хід m, ви́їзд m
● v вихо́дити, ви́йти

expect /ɪkˈspɛkt/ ● v наді́ятися;
очі́кувати **~ed** ● adj
очі́куваний

expensive /ɪkˈspɛnsɪv/ ● adj
дороги́й

experience /ɪkˈspɪɹ.i.əns,
ɪkˈspɪə.ɹɪəns/ ● n до́свід ● v
пережи́ти **~d** ● adj
досві́дчений, бува́лий,
споку́шений

expert /ˈɛkspɚt/ ● n експе́рт m

expla|in /ɪkˈspleɪn/ ● v
поя́снювати, поясня́ти,
поясни́ти **~nation** ● n
поя́снення n

explicitly ● adv я́вно

explosion /ɪkˈspləʊ.ʒən,
ɛkˈsploʊ.ʒən/ ● n ви́бух m

exploration /ˌɛkspləˈɹeɪʃən/ ● n
дослі́дження n,
дослі́джування n

express /ɛkˈspɹɛs/ ● n експре́с
m ● v виража́ти, ви́разити
~ion ● n ви́слів m; ви́раз m;
вираз m

exten|sive /ɛksˈtɛn.sɪv/ ● adj
обши́рний, широ́кий **~t** ● n
сту́пінь, ро́змір, величина́,
мі́ра

extradition ● n екстради́ція f,
ви́дача f, переда́ча f

extraordinary /ɪksˈtɹɔː(ɹ)dɪˌnəɹɪ/ ●
adj незвича́йний,
надзвича́йний,
екстраордина́рний

extreme /ɪkˈstɹiːm/ ● adj
кра́йній, дале́кий;
екстрема́льний; надмі́рний

eye /aɪ/ ● n о́ко n; ву́шко n
~brow ● n бро́ва f **~lash** ● n
ві́я f **~lid** ● n пові́ка f, ві́ко n
~sight ● n зір m

fabric /ˈfæb.ɹɪk/ • *n* тканина *f*

face /feɪs/ • *n* обличчя *n*, лице *n*; вираз обличчя *m*

facilitate /fəˈsɪlɪteɪt/ • *v* сприяти, полегшувати

facility /fəˈsɪlɪti/ • *n* легкість; уміння; обладнання, апаратура, інфраструктура

fact /fækt/ • *n* факт

faction /ˈfæk.ʃən/ • *n* фракція *f*

factory /ˈfæktəɹi/ • *n* фабрика *f*, завод *m*

faculty /ˈfæ.kəl.ti/ • *n* професура *f*, професор *m*; факультет *m*, відділ *m*; дар *m*, здібність *f*

failure /ˈfeɪl.jə/ • *n* крах, провал, невдача; збій, поломка, пошкодження

fair /feə, fɛə/ • *adj* справедливий **~ly** • *adv* справедливо; чесно; досить, певною мірою

faith /feɪθ/ • *n* віра *f* **~ful** • *adj* вірний *(vírnyj)*, відданий *(viddanyj)*; віруючий *(virujučyj)*

falcon /ˈfɔː(l)kən, ˈfælkən/ • *n* сокіл *m*

fall /fɔːl, fɑl/ • *n* падіння • *v* (*sp* fell, *pp* fallen) падати, упасти **~ apart** • *v* розвалитися

fallen *(pp)* ▷ FALL

fam|e /feɪm/ • *n* слава *f*, відомість *f* **~ous** • *adj* відомий; знаменитий, славетний, славний

family /ˈfæm(ɪ)li, ˈfæm(ə)li/ • *n* сім'я *f*, родина *f* **~iar** • *adj* знайомий, відомий

famine /ˈfæmɪn/ • *n* голод *m*; голодомор *m*

fan /fæn/ • *n* віяло *n*, вахляр *m*; вентилятор *m*; вболівальник *m*

fancy /ˈfæn.si/ • *v* уявляти *(ujavljáty)*, уявити *(ujavýty)*; хотіти *(xotíty)*, бажати *(bažáty)*

far /fɑː, fɑɹ/ • *adj* далекий • *adv* далеко

farm /fɑːm, fɑːm/ • *n* ферма *f* **~er** • *n* фермер *m*, селянин *m*, землероб *m*

fascinate • *v* захоплювати; зачаровувати; чарувати *(charuváti)*

fashion /ˈfæʃən/ • *n* мода *f*

fast /fɑːst, fæst/ • *adj* швидкий • *adv* швидко

fat /fæt/ • *adj* товстий, жирний, дебелий • *n* жир *m*

fate /feɪt/ • *n* доля *f*, льос *m*

father /ˈfɑː.ðə(ɹ), ˈfɑ.ðə/ • *n* батько *m*, отець *m*, тато *m* **~-in-law** • *n* свекор *m*, тесть *m*

faulty /ˈfɔːlti/ • *adj* несправний, помилковий

favourite /ˈfeɪv.ɹɪt/ • *n* улюблений *m*

fear /fɪə, fɪəɹ/ • *n* страх *m* • *v* боятися, лякатися

feather /ˈfɛð.ə(ɹ), ˈfɛð.ɚ/ • *n* перо

feature /ˈfiːtʃə, ˈfitʃɚ/ • *n* особливість *f*, властивість *f*, ри́са *f*

February ● *n* лю́тий *m*

fed *(sp/pp)* ▷ FEED

fee /fiː/ ● *n* гонора́р *m*, пла́та *f*, вне́сок *m*, ми́то *n*, збір *m*

feed /fiːd/ ● *v* (*sp* fed, *pp* fed) годува́ти, харчува́ти, корми́ти; постача́ти, жи́вити **~back** ● *n* зворотний зв'язок; зворо́тний зв'язок

feel /fiːl/ ● *v* (*sp* felt, *pp* felt) відчува́ти, відчу́ти, почува́ти, чу́ти, почути́ **~ing** ● *n* почуття́ *n*; емо́ція *f*

feet *(pl)* ▷ FOOT

fell *(sp)* ▷ FALL

felt *(sp/pp)* ▷ FEEL

female /ˈfiːˌmeɪl/ ● *adj* жіно́чий ● *n* жі́нка *f*, сами́ця *f*, са́мка *f*

feminine /ˈfemɪnɪn/ ● *adj* жіно́чий ● *n* жіно́чий рід *m*

feminism /ˈfemɪnɪz(ə)m/ ● *n* фемінізм *m* (*femínízm*)

fence /fens/ ● *n* парка́н *m*, огоро́жа *f*, тин *m*

festival /ˈfestəvəl/ ● *n* фестива́ль *m*, свя́то *n*

fetch /fetʃ/ ● *v* приноси́ти, принести́

fever /ˈfiːvə, ˈfiːvər/ ● *n* гаря́чка *f*, температу́ра *f*; лихома́нка *f*, пропа́сниця *f*

few /fjuː, fju/ ● *det* ма́ло, кілька, небага́то

field /fiːld, fild/ ● *n* по́ле *n*

fift|een /fɪfˈtiːn, fɪfˈtiːn/ ● *num* п'ятна́дцять **~h** ● *adj* п'я́тий **~y** ● *num* п'ятдеся́т

fight /faɪt/ ● *n* бійка *f*, бій *m*, сути́чка *f*; би́тва *f*; боротьба́ *f* ● *v* (*sp* fought, *pp* fought) би́тися, воюва́ти

Fiji ● *n* Фі́джі

file /faɪl/ ● *n* спра́ва *f*, па́пка *f*; файл *m*; напи́лок *m*, пи́лка *f*

fill /fɪl/ ● *v* запо́внювати, заповня́ти, запо́внити

film /fɪlm, ˈfɪləm/ ● *n* плі́вка *f*; кіноплі́вка *f*

filter /ˈfɪltə, ˈfɪltər/ ● *n* фільтр *m* ● *v* фільтрува́ти

filth /fɪlθ/ ● *n* бруд *m*

finally /ˈfaɪnəl.i, ˈfaɪn.l̩.i/ ● *adv* вре́шті-решт; зре́штою, наре́шті; остато́чно

finch /fɪntʃ/ ● *n* зя́блик *m*

find /faɪnd/ ● *v* (*sp* found, *pp* found) знахо́дити, знайти́ **~out** ● *v* дізнава́тися, дізна́тися, дові́дуватися, дові́датися

fine /faɪn, fæːn/ ● *adj* фа́йний ● *n* штраф *m*, пеня́ *f*

finger /ˈfɪŋɡə, ˈfɪŋɡər/ ● *n* па́лець *m* **~nail** ● *n* ні́готь *m*

finish /ˈfɪnɪʃ/ ● *v* закі́нчувати, закі́нчити, кінча́ти, скі́нчити

Fin|land ● *n* Фінля́ндія *f* **~nish** ● *adj* фі́нський *m* ● фі́нська *f*

fire /ˈfaɪ.ə(ɹ), ˈfɑe.ə(ɹ)/ ● *n* вого́нь *m*, ва́тра *f*; поже́жа *f*; піч *f* ● *v* звільня́ти, звільни́ти, стріля́ти **~arm** ● *n* вогнепа́льна збро́я *f* **~fighter** ● *n* поже́жний *m* **~work** ● *n* феєрве́рк *m*

firm /fɜːm, fɜːm/ ● *adj* стійки́й; непохи́тний; тверди́й

first /fɜːst, fɜːst/ ● *adj* пе́рший **~ly** ● *adv* по-перше

fish /fɪʃ, fəʃ/ • *n* (*pl* fish) ри́ба *f* • *v* риба́лити, лови́ти риба **~erman** • *n* риба́лка *m*, риба́к *m*, рибачка *f* **~ing** • *n* риба́лка *f*

fist /fɪst/ • *n* кула́к *m*

fit /fɪt/ • *adj* відпові́дний • *v* підхо́дити; підганя́ти **~ness** • *n* прида́тність *f* (*prydátnist'*)

five /faɪv, fä:v/ • *num* п'ять

flag /flæg, fleɪg/ • *n* пра́пор *m*, стяг *m*, знамено *n*, флаг *m*, фля́га *f*, фля́ґа *f*, хоругва́ *f*, хоругва́ *f*; іри́с *m*, півники *m*, коси́ця *f*, плита́ *f*, плитня́к *m*, тротуа́р *m* • *v* прикраша́ти пра́пором, сигналізува́ти пра́пором, сиґналізува́ти пра́пором; повисну́ти, пони́кнути, сла́бшати, зме́ншати, зме́ншуватися; мости́ти, брукува́ти, вистила́ти, проклада́ти

flame /fleɪm/ • *n* по́лум'я *n*

flamingo /flə'mɪŋgoʊ/ • *n* фламі́нго *m*

flat /flæt/ • *adj* пло́ский, рі́вний, поло́гий, пласки́й

flaw /flɔ:, flɔ/ • *n* вада

flea /fli:/ • *n* блоха́ *f*

fled (*sp/pp*) ▷ FLEE

flee /fli:/ • *v* (*sp* fled, *pp* fled) тіка́ти, утіка́ти, утекти́, бі́гти

fleet /fli:t/ • *n* флот *m*, флоти́лія *f*, парк *m*

flew (*sp*) ▷ FLY

flexible /'flek.sɪ.bəl/ • *adj* гнучки́й, гну́чий, ла́гідний, покла́дливий, посту́пливий

flight /flaɪt/ • *n* полі́т *m*; рейс *m*

float /floʊt, flout/ • *v* трима́тися на вода

flood /flʌd/ • *n* пові́нь, пото́п *m*

floor /flɔ:, flɔɹ/ • *n* підло́га *f*

flour /'flaʊə, 'flaʊɚ/ • *n* бо́рошно *n*, мука́ *f*

flourish /'flʌ.ɪʃ, 'flɔ.ɪʃ/ • *n* ро́зчерк; фанфа́ра, туш • *v* процвіта́ти

flow /floʊ, flou/ • *v* текти́

flower /'flaʊə, 'flaʊɚ/ • *n* кві́тка *f*, цвіт *m*

flown (*pp*) ▷ FLY

flu /flu:, flʊ:/ • *n* грип *m*

fly /flaɪ/ • *n* му́ха *f*; блешня́ *f* • *v* (*sp* flew, *pp* flown) літа́ти, леті́ти

focus /'fəʊ.kəs, 'foʊ.kəs/ • *v* зосереджуватися, зосередитися

fog /fɒg, fɑg/ • *n* тума́н *m*, імла́ *f*

folder /'foʊldɚ, 'fəʊldə/ • *n* па́пка *f*, швидкозшива́ч *m*

folk /fəʊk, foʊk/ • *n* наро́д

follow /'fɒləʊ, 'fɑloʊ/ • *v* слі́дувати; дотри́муватися

fondness • *n* любо́в, ні́жність *f*

food /fu:d, fud/ • *n* ї́жа *f*, харчува́ння *n*

fool /fu:l/ • *n* ду́рень *m*, те́лепень *m*, йо́лоп

foolish /'fu:.lɪʃ/ • *adj* дурни́й

foot /fʊt/ • *n* (*pl* feet) нога́ *f*, ступня́ *f*; фут *f* **~ball** • *n* футбо́л *m*, со́кер *m*, ко́паний м'яч *m* **on ~** • *phr* пішки

for /fɔ:(ɪ), fɔɹ/ • *conj* тому́ що • *prep* до, на; для, зара́ди; за; че́рез; про́тягом

forbad (*sp*) ▷ FORBID

forbade (*sp*) ▷ FORBID

forbid /fə(ɹ)'bɪd/ • v (sp forbad, pp forbid) забороня́ти, заборони́ти

forbidden (pp) ▷ FORBID

force /fɔɹs, fɔːs/ • n міць f (Mić); си́ла; загін m (zahín) • v зму́сити (zmúsyty), му́сити (músyty), примушу́вати

forecast /ˈfɔɹkæst, ˈfɔːkɑːst/ • n прогно́з m, передба́чення n

forecasted (sp/pp) ▷ FORECAST

forehead /ˈfɔɹd, ˈfɒɹɛd/ • n лоб m, чоло́ n

foreign /ˈfɒɹɪn, ˈfɒɹən/ • adj інозе́мний; закордо́нний; зо́внішній; чужи́й **~er** • n інозе́мець m, інозе́мка f

forest /ˈfɒɹɪst, ˈfɔːɹɪst/ • n ліс m

forever /fəˈɹɛvə(ɹ), fəˈɹɛvəɹ/ • adv наві́к (navík), ві́чно (víčno), назавжде, наві́чно, наві́ки; ці́лу ві́чність

forge /fɔːʤ, fɔɹʤ/ • v кува́ти

forget /fəˈɡɛt, fəˈɡɛt/ • v (sp forgot, pp forgotten) забува́ти, забу́ти

forgive /fə(ɹ)ˈɡɪv, fəˈɡɪv/ • v проща́ти, прости́ти, пробача́ти, проба́чити **~ness** • n проще́ння n, проба́чення n

forgot (sp) ▷ FORGET

forgotten (pp) ▷ FORGET

fork /fɔːk/ • n ви́лка f; ви́лка f, виде́лка f

form /fɔːm, fɔɹm/ • n бланк m, фо́рма f, анке́та f, формуля́р m

former /ˈfɔːmə, ˈfɔːmə/ • adj коли́шній

formula /ˈfɔːmjʊlə, ˈfɔːɹmjələ/ • n фо́рмула f

fortunately • adv вда́ло, уда́тно, щасли́во, успі́шно; на ща́стя

forty /ˈfɔːti/ • num со́рок

forum /ˈfɔːɹəm/ • n фо́рум m

forward /ˈfɔːwəd, ˈfɔɹwəd/ • adv упере́д, напере́д

fossil /ˈfɒsəl, ˈfɑːsəl/ • n копа́лина f, скам'яні́лість f

fought (sp/pp) ▷ FIGHT

foundation /faʊnˈdeɪʃən/ • n фунда́мент m

four /fɔː, fo(ː)ɹ/ • num чоти́ри, че́тверо **~teen** • num чотирна́дцять **~th** • adj четве́ртий

fox /fɒks, fɑks/ • n лис m, лиси́ця f

fraction /ˈfɹækʃən/ • n части́на f; дріб m

fragile /ˈfɹædʒaɪl, ˈfɹædʒəl/ • adj крихки́й, ламки́й, ломки́й

France • n Фра́нція f

frank /fɹæŋk/ • adj щи́рий, відве́ртий

fraud /fɹɔːd, fɹɑd/ • n шахра́йство n; шахра́й

free /fɹiː/ • adj ві́льний • v звільня́ти, звільни́ти, визволя́ти, ви́зволити **~dom** • n свобо́да f, ві́льність f **for ~** • phr безкошто́вно

freeze /fɹiːz/ • v (sp froze, pp frozen) замерза́ти, заме́рзнути; заморо́жувати, заморо́зити; заморо́жувати, заморожуватися

French /fɹɛnʧ/ • *adj*
франц́ский • *n*
франц́зька м́ова *f*;
франц́зи

frequen|t /fɹiːˌkwənt/ • *adj*
частий *(částyj)* **~tly** • *adv*
часто **~cy** • *n* ч́стість *f*,
частот́а *f*

fresh /fɹɛʃ/ • *adj* св́жий

Friday • *n* п'́тниця *f*

fridge ▷ REFRIGERATOR

friend /fɹɛnd, frɪnd/ • *n* друг *m*,
пр́ятель *m*, подр́га *f*,
п́одруга *f*, пр́ятелька *f* **~ly**
• *adj* люб'́язний, л́скавий,
дружел́бний, пр́язний,
др́жній, пр́ятельський
~ship • *n* др́жба *f*,
пр́ятельство *n*,
приятел́вання *n*

frighten /fɹaɪtn̩/ • *v* ляќати **~ing**
• *adj* жахливий *(žáklyvyj)*

frog /fɹɒɡ, fɹɑɡ/ • *n* ж́аба *f*

from /fɹɒm, fɹʌm/ • *prep* від, з

front /fɹʌnt/ • *n* фронт *m*

frontier /fɹʌnˈtɪɹ, fɹʌnˈtɪə/ • *n*
кордон *m*, граница *f*, руб́ж
m, меж́а *f*

frown /fɹaʊn/ • *v*
насуплюватися;
несхвалювати

froze *(sp)* ▷ FREEZE

frozen /fɹəʊzən/ • *adj*
заморожений, м́орожений
• *(also)* ▷ FREEZE

fruit /fɹuːt, fɹʊt/ • *n* плід *m*,
фрукт *m*

frustration /fɹʌsˈtɹeɪʃən/ • *n*
розчарування *n*,
незадоволеність *f*, розлад
m

fry /fɹaɪ/ • *v* см́ажити

fuck /fʌk, fʊk/ • *interj* блять!,
ќрва!, лайно! • *v* їб́ати,
їб́атися

fuel /fjuːəl/ • *n* п́аливо *n*

full /fʊl/ • *adj* п́овний; ситий
• *v* валяти

fun /fʌn, fʊn/ • *n* потіха *f*
(potíxa), забава *f (zabáva)*,
розв́ага *f (rozváha)* **~ny** • *adj*
смішний, кум́едний,
заб́авний

function /ˈfʌŋ(k)ʃən, ˈfʌŋkʃən/ • *n*
ф́нкція *f*; ф́нкція

fund /fʌnd/ • *n* фонд;
фінансувати

funeral /ˈfjuːnəɹəl, ˈfjunəɹəl/ • *n*
п́охорони, погр́еб *m*

fur /fɜː(ɹ), fɚ/ • *n* хутр́о *n*, х́тро
n, шерсть *f*

furious /ˈfjʊə.ɹəs, ˈfjʊ.ɹi.əs/ • *adj*
шал́ений, роз'́шений,
розлют́ований

furniture /ˈfɜːnɪtʃə, ˈfɜːnɪtʃɚ/ • *n*
м́еблі

further /ˈfɜː(ɹ)ðə(ɹ)/ • *adv* д́алі,
крім того, п́отім, додатќово
~more • *adv* крім того,
більше того

future /ˈfjuːtʃə, ˈfjuːtʃɚ/ • *adj*
майб́тній • *n* майб́тнє *n*

G

Gabon • *n* Габ́он *m*

gain /geɪn/ • *n* прибу́ток, ви́граш; поси́лення • *v* отри́мувати

galaxy /ˈgaləksi, ˈgæləksi/ • *n* гала́ктика *f*

gallery /ˈgæləri/ • *n* галере́я *f*

Gambia • *n* Га́мбія *f*

gambling • *n* аза́ртна гра *f*, аза́ртна ігра́ *f*

game /geɪm/ • *n* гра

gang /gæŋ/ • *n* ба́нда *f*; ша́йка *f* **~ster** *n* банди́т *m*, розбі́йник *m*

garage /ˈgæɹɑː(d)ʒ, ˈgæɹɪdʒ/ • *n* гара́ж *m*

garbage /ˈgɑːbɪdʒ, ˈgɑːbɪdʒ/ • *n* сміття́ *n*

garden /ˈgɑːdn̩, ˈgɑːdn̩/ • *n* сад *m*; го́род *m*

garlic /ˈgɑːlɪk, ˈgɑːlɪk/ • *n* часни́к *m*

gas /gæs/ • *n* газ *m*

gasoline /ˈgæs.ə.liːn/ • *n* бензи́н *m*

gate /geɪt/ • *n* воро́та, бра́ма *f*

gather /ˈgæðɚ, ˈgæðə/ • *v* збира́ти, зібра́ти, збира́тися

gave *(sp)* ▷ GIVE

gay /geɪ/ • *adj* ґей, гомосексуа́л • *n* ґей *m*

geese *(pl)* ▷ GOOSE

gender /ˈdʒɛndə, ˈdʒɛndɚ/ • *n* рід *m*; стать *f*; ґе́ндер *m*

gene /dʒiːn/ • *n* ген *m*

general /ˈdʒɛnɹəl, ˈdʒɛnəɹəl/ • *adj* зага́льний; генера́льний • *n* полково́дець *m*, генера́л *m*, воєнача́льник *m* **~ly** • *adv* зазвича́й, як пра́вило; взагалі́, в ціло́му

generation /ˌdʒɛnəˈɹeɪʃən/ • *n* поколі́ння *n*

generous /ˈdʒɛn(ə)ɹəs/ • *adj* великоду́шний, благоро́дний, шляхе́тний; ще́дрий, го́йний, щедро́тний

genocide /ˈdʒɛnəsaɪd/ • *n* геноци́д *m*

genre /(d)ʒɑnɹə, (d)ʒɒnɹə/ • *n* жанр *m*

gentl|e /ˈdʒɛntl̩/ • *adj* люб'я́зний, ласка́вий, благоро́дний, ні́жний; слухня́ний; ввічливий **~y** • *adv* ні́жно, м'я́ко, обере́жно **~eman** • *n* пан *m (pan)*

genuine /ˈdʒɛnjuː.m/ • *adj* спра́вжній

geograph|y /dʒɪˈɒgɹəfi, dʒiˈɑgɹəfi/ • *n* геогра́фія *f* **~ic** • *adj* географі́чний

geometry /dʒiˈɑmətɹi, dʒiˈɒmɪtɹi/ • *n* геоме́трія *f*

Georgia • *n* Гру́зія *f*

German • *adj* німе́цький • *n* німець *m*, ні́мка *f*; німе́цька *f*, німе́цька мо́ва *f* **~y** • *n* Німе́ччина *f*

get /gɛt/ • *v* (*sp* got, *pp* got) дістава́ти, діста́ти; отри́мувати, оде́ржувати **~ up** • *v* встава́ти, устава́ти, вста́ти, уста́ти

Ghana • *n* Га́на *f*

ghost /gəʊst, goʊst/ • *n* при́вид *m*, прима́ра *f*, ма́ра *f*, фанто́м *m*, дух *m*; ма́рево *n*

giant /ˈdʒaɪənt/ • *n* ве́летень *m*, ве́лет *m*, гіга́нт *m*

gift /gɪft/ • *n* подару́нок *m*, дару́нок, дар; тала́нт *m*

giraffe /dʒɪˈrɑːf, dʒəˈræf/ • *n* жира́фа *f*, жира́ф *m*

girl /ɡɜːl, ɡɜl/ • *n* ді́вчина *f* **~friend** • *n* коха́на *f*, ді́вчина *f*, подру́га *f*, прия́телька *f*

give /ɡɪv/ • *v* (*sp* gave, *pp* given) дава́ти, да́ти, дарува́ти, подарува́ти **~ sth back** • *v* віддавати (*viddaváty*), відда́ти (*viddáty*), повертати (*povertáty*), поверну́ти (*povernúty*) **~ up** • *v* здава́тися, зда́тися; кида́ти; поступа́тися, відмовля́тися; залиша́ти **~ way** • *v* піддава́тися, підда́тися

given (*pp*) ▷ GIVE

glad /ɡlæd/ • *adj* ра́дий, ра́дісний, задово́лений, щасли́вий

glass /ɡlɑːs, ɡlæs/ • *n* скло *n*, шкло *n*; скля́нка *f*

glasses ▷ SPECTACLES

globe /ɡləʊb, ɡloʊb/ • *n* гло́бус *m*

gloomy /ˈɡluːmi/ • *adj* похмурий *m*, сумний *m*

glory /ˈɡlɔːri, ˈɡlo(ː)ri/ • *n* сла́ва *f*, вели́ч *f*; честь *f*, хвала́ *f*

glove /ɡlʌv/ • *n* рукави́ця *f*, перча́тка *f*

glue /ɡluː/ • *n* клей *m*

gnaw /nɔː/ • *v* (*sp* gnawed, *pp* gnawed) гри́зти, глода́ти

gnawed (*sp/pp*) ▷ GNAW

gnawn (*pp*) ▷ GNAW

go /ɡəʊ, ɡoʊ/ • *v* (*sp* went, *pp* gone) ходи́ти, іти́, йти, піти́, ї́здити, пої́здити, ї́хати **~ back** • *v* повертатися **~ out** • *v* вихо́ди́ти, ви́йти

goal /ɡəʊl, ɡoʊl/ • *n* мета́ *f*, ціль *f*; воро́та; гол *m*

goat /ɡəʊt, ɡoʊt/ • *n* коза́ *f*, козе́л *m*, цап *m*

God /ɡɒd, ɡɔd/ • *n* бог *m*, Бог *m*

god /ɡɒd, ɡɔd/ • *n* бог *m*

gold|en /ˈɡəʊl.dən, ˈɡoʊl.dən/ • *adj* золоти́й **~fish** • *n* золота́ рибка *f* (*zolotá rýbka*)

golf /ɡɒlf, ɡɔlf/ • *n* гольф *m*

gone (*pp*) ▷ GO

good /ɡʊd, ɡʊ(d)/ • *adj* до́брий, хоро́ший, га́рний; добрий, хороший • *n* добро́ *n* **~ afternoon** • *phr* до́брий день **~ evening** • *n* до́брий ве́чір **~ morning** • *interj* до́брого ра́нку **~bye** • *interj* до поба́чення **~s** • *n* това́р *m* **for ~** • *phr* назавжди́

goose /ɡuːs/ • *n* (*pl* geese) гу́ска *f*, гуса́к *m*

gory /ˈɡɔːri/ • *adj* кривавий (*kryvávyj*)

gossip /ˈɡɒs.ɪp, ˈɡɑs.ɪp/ • *n* плі́тка *f*, спли́тка *f*

got (*sp*) ▷ GET

gotten (*pp*) ▷ GET

govern /ˈɡʌvərn, ˈɡʌvən/ • *v* пра́вити, керува́ти; вплива́ти; регулюва́ти **~ment** • *n* у́ряд *m* **~or** • *n* губерна́тор *m*; регуля́тор *m*

grade /ɡɹeɪd/ • *n* оці́нка; сту́пінь, ранг; клас *m*

gradual /ˈɡrædʒuəl, ˈɡɹædʒuəl/ • *adj* поступовий

grain /ɡɹeɪn/ • *n* зерно́ *n*, збі́жжя *n*, жи́то *n*

grand|son /ˈɡræn(d)sʌn/ • *n* ону́к *m*, внук *m* **~daughter** • *n*

внучка *f*, онучка *f* **~father** •
n дід *m*, дідусь *m* **~mother** •
n бабуся *f*, баба *f*

grape /gɹeɪp/ • *n* виноград *m*
~fruit • *n* грейпфрут *m*

graphics /ˈgɹæfɪks/ • *n* графіка *f*

grass /gɹɑːs, gɹæs/ • *n* трава *f*
~hopper • *n* коник *m*

grateful /ˈgɹeɪtfəl/ • *adj* вдячний

grave /gɹeɪv/ • *n* могила *f*
~yard • *n* цвинтар *m*,
кладовище *n*, кіркут *m*

gravity /ˈgɹævɪtiː/ • *n*
притягання *n*, тяжіння *n*,
гравітація *f*

gray /gɹeɪ/ • *adj* сірий

grease /gɹiːs, gɹiːs/ • *n* масло *n*,
сало *n*, жир *m*; мастило *n*,
мазило *n*, мазь *f*

great /gɹeɪt/ • *adj* великий;
прекрасний, чудовий,
чудесний

Gree|ce • *n* Греція *f* **~k** • *adj*
грецький • *n* грецька *f*

greed /gɹiːd/ • *n* жадібність *f*,
жадливість *f*, хтивість *f*,
ненажерливість *f* **~y** • *adj*
жадібний, жадібний,
жадний, жадний, жадливий

green /gɹiːn, gɹiːn/ • *adj* зелений
m **~house** • *n* теплиця *f*,
оранжерея *f*

greet /gɹiːt/ • *v* вітати,
здоровитися, зустрічати
~ing • *n* вітання *n*,
привітання *n*

Grenada • *n* Гренада *f*

grew *(sp)* ▷ GROW

grief /gɹiːf/ • *n* горе *n*, жаль *m*,
печаль *f*, скорбота *f*, смуток
m

grind /gɹaɪnd/ • *v* (*sp* ground, *pp*
ground) молоти, товкти;
шліфувати

grocery /ˈgɹəʊsəɹi, ˈgɹəʊs(ə)ɹi/ • *n*
бакалія *f*

ground /gɹaʊnd/ • *adj* мелений
• *n* земля *f*, ґрунт *m*; дно *n* •
(also) ▷ GRIND

group /gɹuːp/ • *n* група *f*

grow /gɹəʊ, gɹoʊ/ • *v* (*sp* grew, *pp*
grown) рости, вирости;
вирощувати, ростити **~th** •
n ріст *m*; приріст

grown *(pp)* ▷ GROW

guarantee /ˌgæɹənˈtiː/ • *n*
гарантія *f* • *v* гарантувати

guard /gɑːd, gɑːd/ • *n*
охоронець *m*, захисник *m*,
охорона, варта • *v* берегти,
охороняти **~ian** • *n*
охоронець *m*

Guatemala • *n* Гватемала *f*

guerrilla /gəˈɹɪlə/ • *n* партизан
m, партизанка *f*

guess /gɛs/ • *v* здогадка • *v*
вгадувати, вгадати;
припускати

guest /gɛst/ • *n* гість *m*, гостя *f*

guide /gaɪd/ • *n* гід *m*,
екскурсовод *m*, провідник
m, провідниця *f* • *v*
проводити, вести, бути
провідник

guilt /gɪlt/ • *n* вина *f*, провина
f; почуття вини **~y** • *adj*
винуватий, винний

Guinea • *n* Гвінея *f*

guinea pig /ˈgɪni pɪg/ • *n*
морська свинка *f* (*mors'ká
svýnka*)

guitar /gɪˈtɑː(ɹ), gɪˈtɑɹ/ ● *n* гітáра *f*

gun /gʌn/ ● *n* пістолéт *m* **~powder** ● *n* пóрох *m*

Guyana ● *n* Гаяна *f*

gymnastics /dʒɪmˈnæs.tɪks/ ● *n* гімнáстика *f (himnástyka)*

gynecology /ˌgaɪnɪˈkɒlədʒi, ˌgaɪnəˈkɑlədʒi/ ● *n* гінекологія *f (hinekolóhija)*

habit /ˈhæbɪt, ˈhæbət/ ● *n* звичка *f*; рáса *f*

had *(sp/pp)* ▷ HAVE

hail /heɪl/ ● *n* град *m*

hair /heə/ ● *n* волóсся *n*, вóлос *m*, вóлоси; волоси́на *f* **~y** ● *adj* волосáтий *m* **~less** ● *adj* безволóсий *m* **~dresser** ● *n* перукáр *m*, перукáрка *f*

Haiti ● *n* Гаїті *f*

half /hɑːf, hæf/ ● *n (pl* halves) полови́на *f* **~ time** ● *n* тайм *m* **~way** ● *adv* на півдорóзі

halibut /ˈhæ.li.bət/ ● *n* палтус *m*

hall /hɔːl, hɔl/ ● *n* зал *m*

halves *(pl)* ▷ HALF

hamster /ˈhæm(p)stə/ ● *n* хом'як *m*

hand /hænd/ ● *n* рукá *f*; стрілка *f* **~bag** ● *n* сумочка *f (sumochka)* **~ful** ● *n* жмéня *f*

handle /ˈhæn.dl̩/ ● *n* рукоя́тка, рýчка *f* ● *v* регулювáти, керувáти, маніпулювáти

hang /hæŋ, æ/ ● *v (sp* hung, *pp* hung) висіти *(visity);* вішати, пóвисити **~over** ● *n* похмілля *n*

happen /ˈhæpən/ ● *v* ставáтися, стáтися, траплятися, трáпитися, відбувáтися, відбýтися

happ|y /ˈhæpiː, ˈhæpi/ ● *adj* щасли́вий **~iness** ● *n* щáстя *n*

harbor /ˈhɑːbə, ˈhɑːbə/ ● *n* гáвань *f*, порт *m*

hard /hɑːd, hɑɹd/ ● *adj* тверди́й; складни́й; важки́й; міцни́й; жорстки́й **~ly** ● *adv* ледве *(lédve)*, навряд чи

hardware /ˈhɑːd.weə, ˈhɑɹd.wɛɹ/ ● *n* апаратне забезпечення

hare /heə/ ● *n* зáєць *m*

harm /hɑːm, hɑːm/ ● *n* шкóда *f* **~ful** ● *adj* шкідли́вий **~less** ● *adj* нешкідли́вий

harmony /ˈhɑːməni, ˈhɑːməni/ ● *n* гармóнія *f*

harsh /hɑːʃ, hɑːʃ/ ● *adj* грýбий, сувóрий, різки́й; жорстки́й

harvest /ˈhɑːˌvəst, ˈhɑːvɪst/ ● *n* жнивá, жни́во *n*; жаття *n*; урожáй *m*

hat /hæt/ ● *n* капелюх *m*, шáпка *f*

hat|e /heɪt/ ● *v* ненави́діти **~red** ● *n* нéнависть *f*

have /hæv, həv/ ● *v (sp* had, *pp* had) мáти; мати **~ to** ● *v* мати, повинна - f, повинно - n

Hawaii ● *n* Гавáйі

hawk /hɔːk, hɔk/ ● *n* я́струб *m*

hay /heɪ/ ● *n* сіно *n*

he /hiː, hi/ • *det* він

head /hɛd/ • *n* голова́ *f* **~ache** • *n* головни́й біль *m* **~phones** • *n* навушники **~quarters** • *n* штаб *m*, штаб-кварти́ра *f*

heal /hiːl/ • *v* лікува́ти, ви́лікувати, зці́лювати, зціли́ти

health /hɛlθ/ • *n* здоро́в'я *n* **~care** • *n* охоро́на здоро́в'я *f* **~y** • *adj* здоро́вий

hear /hɪə(ɹ), hɪɹ/ • *v* (*sp* heard, *pp* heard) чу́ти; почу́ти **~ing** • *n* слух *m*

heard (*sp/pp*) ▷ HEAR

heart /hɑːt, hɑɹt/ • *n* се́рце *n*

heating /ˈhiːtɪŋ/ • *n* опа́лення *n* (*opálennja*)

heavy /ˈhɛ.vi, ˈhɛ.vi/ • *adj* важки́й

hedgehog /ˈhɛdʒhɒɡ/ • *n* їжа́к *m*

heel /hiːl/ • *n* п'я́тка *f*, п'ята́ *f*; каблу́к *m*

height /haɪt/ • *n* висота́ *f*, височина́ *f*, висо́кість *f*, висо́чінь *f*, вишина́ *f*; зріст *f*

heir /ɛəɹ/ • *n* наслі́дник *m*, наслі́дниця *f*

held (*sp/pp*) ▷ HOLD

helicopter /ˈhɛli.kɒptə(ɹ), ˈhɛl.i.kɒp.tə(ɹ)/ • *n* вертолі́т *m*, гeлікóптер *m*

hell /hɛl/ • *n* ад *m*, пе́кло *n*

hello /həˈləʊ, hɛˈloʊ/ • *interj* приві́т, здоро́в був, до́бри день, чоло́м; алло́, слуха́ти; агó́в

helmet /ˈhɛlmɪt/ • *n* шоло́м *m*, ка́ска *f*

help /hɛlp/ • *interj* рятуйте!, допоможі́ть!, на допомо́гу!

• *n* допомо́га *f* • *v* допомага́ти, допомогти́, помага́ти, помогти́ **~less** • *adj* безси́лий *m*, безпомічни́й

Helsinki • *n* Ге́льсінкі *m*

hence /hɛns/ • *adv* зві́дси; о́тже; з цього́ ча́су

her /hɜː(ɹ), hɜ́/ • *det* її (*jiji*) **~s** • *pron* її (*jiji*) **~self** • *pron* вона́ сама́ *f*

here /hɪə(ɹ), hɪɹ/ • *adv* тут; сюди́

hero /ˈhɪɹoʊ, ˈhɪɹəʊ/ • *n* (*pl* heroes) геро́й *m*, герої́ня *f* **~ine** • *n* герої́ня *f* (*herojína*)

hesitate /ˈhɛzɪteɪt/ • *v* колива́тися, хита́тися, вага́тися

hew /hjuː/ • *v* (*sp* hewed, *pp* hewed) руба́ти

hewed (*sp/pp*) ▷ HEW

hewn (*pp*) ▷ HEW

hey /heɪ/ • *interj* гей, ей

hi /haɪ/ • *interj* приві́т

hid (*sp*) ▷ HIDE

hide /haɪd/ • *v* (*sp* hid, *pp* hidden) хова́ти

hierarchy /ˈhaɪ.ə.ɹɑː(ɹ).ki/ • *n* ієра́рхія *f*

high /haɪ/ • *adj* висо́кий **~ly** • *adv* ви́соко **~way** • *n* шосе́ *n*, магістра́ль *f*, автошля́х *m*, автомагістра́ль *f*

hike /haɪk/ • *n* похі́д *m*, екску́рсія *f*

hilarious /hɪˈlɛəɹɪəs, hɪˈlɛɹɪəs/ • *adj* смішни́й

hill /hɪl/ • *n* па́горб *m*, паго́рок *m*, гі́рка *f*

him /hɪm/ ● *pron* йому́ *(jomú)*; його́ *(johó)* **~self** ● *pron* він сам *m*

hip /hɪp/ ● *n* стегно́ *n*, бедро́ *n*

hire /haɪə, haɪɪ/ ● *v* бра́ти напрока́т, узя́ти напрока́т; найма́ти, найня́ти

his /'hɪz, 'həz/ ● *det* його́, свій

hiss /hɪs/ ● *n* шипі́ння *n* ● *v* шипі́ти

histor|y /'hɪst(ə)ɹi/ ● *n* істо́рія *f* **~ic** ● *adj* істори́чний **~ical** ● *adj* істори́чний **~ian** ● *n* історіо́граф *m*, істо́рик *m*

hit /hɪt/ ● *adj* уда́р; хіт, шля́гер ● *v* (*sp* hit, *pp* hit) вдаря́ти, вда́рити, би́ти; влуча́ти

hobby /'hɒ.bi, 'hɑ.bi/ ● *n* хо́бі *n*

hockey /'hɒki/ ● *n* гоке́й *m*, хоке́й *m*

hog /hɒg, hɑg/ ● *n* свиня́ *f* *(svynjá)*

hold /həʊld, hoʊld/ ● *n* трюм *m* ● *v* (*sp* held, *pp* held) трима́ти, держа́ти; утри́мувати; затри́мувати

hole /həʊl, hoʊl/ ● *n* ді́рка *f*; слабина́ *f*; ді́рка *f*, уразли́вість *f*; ді́рка *f*, очко́ *n*; холодна *f*, ка́рцер *m*; дира *f*, захолу́стя *n* ● *v* діря́вти, дзюра́вити, продзюра́влювати

holiday /'hɒlɪdeɪ, 'hɑlə͵deɪ/ ● *n* свя́то *n*; вихідни́й день *m*, вихідни́й че́рез свя́то *m*; відпу́стка *f*; кані́кули

hollow /'hɒl.əʊ, 'hɑ.loʊ/ ● *adj* поро́жній, пусти́й, пустопоро́жній; лунки́й; пустий, беззмісто́вний,

пра́зний ● *n* пу́стка *f*, пустота́ *f*

holy /'həʊli, 'hoʊli/ ● *adj* святи́й, свяще́нний

home /(h)əʊm, hoʊm/ ● *adv* вдо́ма; додо́му; в дім *m*, ха́та *f*; батьківщина *f*, домі́вка *f* **~land** ● *n* ба́тьківщина *f*, вітчи́зна *f* **~work** ● *n* дома́шнє завда́ння *n*, дома́шня робо́та *f* **at ~** ● *phr* вдо́ма, удо́ма

Honduras ● *n* Гондура́с *m*

honest /'ɒnɪst, 'ɔ:nɪst/ ● *adj* чéсний, правди́вий, щи́рий **~y** ● *n* че́сність *f*, правди́вість *f*

honey /'hʌni/ ● *n* мед *m*, мід *m* **~moon** ● *n* медо́вий мі́сяць *m*

honor /'ɑ:.nə, 'ɒ.nə/ ● *n* честь *f*, го́нор *m*

honour (*British*) ▷ HONOR

hoof /hʊf/ ● *n* (*pl* hooves) копи́то *n*

hook /hʊk, hu:k/ ● *n* гак *m*, га́чок *m*; хук; па́стка ● *v* упійма́ти, злови́ти; поєдна́ти, з'єдна́ти

hooves (*pl*) ▷ HOOF

hope /həʊp, hoʊp/ ● *n* надія *f* ● *v* наді́ятися, сподіва́тися, упова́ти

horizon /hə'ɹaɪzən/ ● *n* горизо́нт *m* **~tal** ● *adj* горизонта́льний, поземий

horn /hɔ:n, hɔɹn/ ● *n* ріг *m*; сире́на *f*

horror /'hɔːɹ, 'hɑɹɚ/ ● *n* жах *m*, страх *m* **~ movie** ● *n* фільм

жáхів *m*

horse /hɔːs, hɔɹs/ • *n* кінь *m*

hospita|ble /hɒsˈpɪtəbəl/ • *adj* гостúнний **~lity** • *n* гостúнність *f*

hospital /ˈhɒs.pɪ.tl̩, ˈɒs.pɪ.tl̩/ • *n* лікáрня *f*, шпітáль *m*, болнúця *f* **~ization** • *n* госпіталізáція *f*

host /həʊst, hoʊst/ • *n* хазяíн *m*, хазяйка *f*, господáр *m*, господáрка *f*, ґáзда *m*, ґаздá *m* **~ess** • *n* господúня *f* *(hospodynja)*

hostage /ˈhɒstɪdʒ/ • *n* зарýчник *m*, зарýчниця *f*

hostile /ˈhɒstaɪl, ˈhɑstəl/ • *adj* ворóжий

hot /hɒt, hɑt/ • *adj* гарячий; спекóтний; гóстрий, пряний

hotel /həʊˈtɛl, hoʊˈtɛl/ • *n* готéль *m*

hour /ˈaʊə(ɹ), ˈaʊɚ/ • *n* годúна *f*

house /haʊs, hʌʊs/ • *n* дім *m*, хáта *f*; палáта *f* **~work** • *n* робóта по дóму, прибирáння

how /haʊ, hæð/ • *adv* як

however /haʊˈɛvə, haʊˈɛvɚ/ • *adv* однáк, протé

howl /haʊl/ • *v* вити *(výty)*

hug /hʌɡ/ • *n* об'яття *n*, обійми, обіймáння *n* • *v* обіймáти, обійняти, обнімáти, обняти

huge /hjuːdʒ, juːdʒ/ • *adj* величéзний, здоровéнний

humankind • *n* людство *n*

humble /ˈhʌmbəl, ˈʌmbəl/ • *adj* низький; скрóмний

humour /ˈhjuː.mə(ɹ), ˈhjuːmɚ/ • *n* гýмор *m*

hundred /ˈhʌndɹəd, ˈhʌndɚd/ • *num* сто

hung *(sp/pp)* ▷ HANG

Hungar|y • *n* Угóрщина *f* **~ian** • *adj* угóрський, мад'ярський • *n* угóрець *m*, угóрка *f*, мад'яр *m*, мад'ярка *f*; угóрська мóва *f*

hunger /ˈhʌŋɡə, ˈhʌŋɡɚ/ • *n* гóлод *m*

hungry /ˈhʌŋ.ɡɹi/ • *adj* голóдний

hunt /hʌnt/ • *n* полювáння *n* • *v* полювáти **~er** • *n* мислúвець *m*

hurricane /ˈhʌɹɪkən, ˈhʌɹɪˌkeɪm/ • *n* урагáн *m*

hurry /ˈhʌ.ɹi, r/ • *v* поспішáти

hurt /hɜːt, hɜt/ • *v* *(sp* hurt*, pp* hurt*)* болíти, хворíти, захворíти

husband /ˈhʌzbənd/ • *n* чоловíк *m*, муж *m*

hydrogen /ˈhaɪdɹədʒ(ə)n, ˈhaɪdɹədʒən/ • *n* вóдень *m*

hyena /haɪˈiːnə/ • *n* гіéна *f*

hypothe|sis /haɪˈpɒθɪsɪs/ • *n* *(pl* hypotheses*)* гіпóтеза *f*, припýщення *n* **~tical** • *adj* гіпотетúчний

I • *pron* я

ice /aɪs, ʌɪs/ • *n* лід *m*, кригá *f* **~ cream** • *n* морóзиво *n*, морóжене *n*

Iceland • *n* Ісла́ндія *f*

icon /'aɪ.kən, 'aɪ.kɑːn/ • *n* іко́на *f*

idea /aɪ'dɪə, aɪ'di.ə/ • *n* іде́я *f*,
ду́мка *f* **~l** • *n* іде́ал *m* **~lism**
• *n* ідеалі́зм *m* (*idealízm*)

identify /aɪ'dɛn.tɪ.faɪ/ • *v*
ідентифікува́ти,
ототожню́вати

identity /aɪ'dɛntəti/ • *n*
іденти́чність, тото́жність;
особи́стість,
індивідуа́льність

idiot /'ɪd.i.(j)ɪt/ • *n* ідіо́т *m*,
ідіо́тка *f*, ду́рень *m*

if /ɪf/ • *conj* якщо́, коли́

ignorance /'ɪgnərəns/ • *n*
неві́гластво *n*, неу́цтво *n*,
незна́ння *n*

iguana /ɪ'gjuɑːnə, ɪ'gwɑːnə/ • *n*
ігуа́на *f* (*ihuána*)

ill /ɪl/ • *adj* хво́рий **~ness** • *n*
хворо́ба *f*

illegal /ɪ'liːgəl, ɪ'li.gəl/ • *adj*
незако́нний, нелега́льний

illiterate /ɪ'lɪtərət/ • *adj*
негра́мотний,
непи́сьме́нний

image /'ɪmɪdʒ/ • *n* о́браз *m*;
о́браз *m* (*óbraz*)

imagin|e /ɪ'mædʒ.ɪn/ • *v* уявля́ти
~ation • *n* уя́ва *f*, уя́влення *n*

immediate /ɪ'mi.di.ɪt, ɪ'miːdɪət/ •
adj нега́йний,
безпосере́дній;
найбли́жчий **~ly** • *adv* зара́з
(*záraz*), нега́йно (*nehájno*)

immigra|nt /'ɪmɪgɹənt/ • *n*
іммігра́нт *m*, іммігра́нтка *f*,
пересе́ленець *m*,
пересе́ленка *f* **~tion** • *n*
іммігра́ція *f*, пересе́лення *n*

impact /'ɪmpækt, ɪm'pækt/ • *n*
уда́р; вплив

impartial /ɪm'pɑɹ.ʃəl/ • *adj*
безсторо́нній,
неупере́джений

impatient /ɪm'peɪʃənt/ • *adj*
нетерпля́чий **~ly** • *adv*
нетерпля́че

impersonal /ɪm'pɝsənəl/ • *adj*
безли́кий; безосо́бовий

impl|y /ɪm'plaɪ/ • *v* припуска́ти;
ма́ти на ува́зі; натяка́ти
~ication • *n* підте́кст;
імпліка́ція

import /'ɪm.pɔːt, 'ɪm.pɔːt/ • *v*
імпортува́ти, ввози́ти
(*vvózyty*), увезти́ (*uveztý*),
ввезти́ (*vveztý*)

important /ɪm'pɔːtənt, ɪm'pɔːtənt/
• *adj* важли́вий, значни́й,
важни́й

impossible /ɪm'pɒsɪbəl/ • *adj*
неможли́вий

impressive /ɪm'pɹɛsɪv/ • *adj*
враж́а́ючий

imprisonment /ɪm'pɹɪzn̩.mənt/ •
n ув'я́знення *n* (*uv'jáznennja*)

improve /ɪm'pɹuːv/ • *v*
полі́пшувати, полі́пшити

in /ɪn, ən/ • *prep* в, у ~ **turn** • *phr*
послідо́вно, по че́рзі; в
свою́ че́ргу

inch /ɪntʃ/ • *n* дюйм *m*, цаль *m*

income /'ɪn.kʌm/ • *n* прибу́ток,
дохо́д

incompetent • *adj*
некомпете́нтний

incorporate /ɪn'kɔːpɹ̩e(ɪ)t,
ɪn'kɔː(ɹ).pə.eɪt/ • *v* включа́ти,
включи́ти; змі́шувати;
прийма́ти

increase /ɪnˈkɹiːs, ˈɪnkɹiːs/ • *n*
ріст, приˊріст • *v* зростаˊти,
рости; збіˊльшувати

incredible /ɪnˈkɹɛdəbəl/ • *adj*
неймовіˊрний

indeed /ɪnˈdiːd/ • *adv* діˊйсно,
спраˊвді

indefatigable /ˌɪndɪˈfætɪɡəbl,
ˌɪndəˈfætəɡəbəl/ • *adj*
невтоˊмний, неослаˊбний

independen|t /ˌɪndɪˈpɛndənt/ • *adj*
незалеˊжний, самостіˊйний
~ce • *n* незалеˊжність,
самостіˊйність *f*

index /ˈɪndɛks/ • *n* (*pl* indices)
іˊндекс *m*

India • *n* Іˊндія *f* **~n** • *adj*
індіˊйський; індіˊанський,
індіˊянський • *n* індіˊєць *m*;
індіˊанець *m*, індіˊянець *m*,
індіˊанин *m*, індіˊянин *m*

indices (*pl*) ▷ INDEX

individual /ˌɪndɪˈvɪdʒuəl,
ˌɪndɪˈvɪdʒʊəl/ • *adj* особиˊстий,
індивідуаˊльний, осіˊбний • *n*
індивіˊд *m*, індивіˊдуум *m*
~ism • *n* індивідуаліˊзм *m*

Indonesia • *n* Індонеˊзія *f* **~n** •
n індонезіˊйська *f*
(*indonezíjs'ka*)

industry /ˈɪndəstɹi/ • *n*
промислоˊвість *f*, індуˊстрія *f*

inevitable /ɪnˈɛvɪtəbəl/ • *adj*
неминуˊчий

infantry /ˈɪnfəntɹi/ • *n* піхоˊта *f*

infection /ɪnˈfɛkʃən/ • *n*
інфеˊкція *f*, заˊраження *n*,
закаˊження *n*; зараˊза *f*

infer /ɪnˈfɜ, ɪnˈfɜː/ • *v* робиˊти
виˊсновок

inferior /ɪnˈfɪ(ə)ɹɪɚ, ɪnˈfɪəɹɪə/ • *adj*
гіˊрший; підлеˊглий; ниˊжній

inflation /ɪnˈfleɪʃən/ • *n*
надуваˊння *n*; інфляˊція *f*

influen|ce /ˈɪn.fl(j)u.əns/ • *n*
вплив *m*, упли́в *m* • *v*
впливаˊти **~tial** • *adj*
впливоˊвий

inform /ɪnˈfɔɹm, ɪnˈfɔːm/ • *v*
повідомляˊти, повідоˊмити
~ation • *n* інформаˊція *f*

inhabitant /ɪnˈhæ.bɪ.tənt/ • *n*
меˊшканець *m*, меˊшканка *f*

inherent /ɪnˈhɪəɹənt/ • *adj*
приˊроджений, властиˊвий

inheritance /ɪnˈhɛɹətəns/ • *n*
спаˊдок *m*; насліˊдування *n*

inhibit • *v* перешкоджаˊти

injury /ˈɪn.dʒə.ɹi/ • *n*
пошкоˊдження *n*, раˊна *f*,
траˊвма *f*

ink /ɪŋk/ • *n* чорниˊло *n*, туш *f*,
атраˊмент *m* (*antráment*)

inner /ˈɪnɚ, ˈɪnə/ • *adj*
внуˊтрішній

innocen|t /ˈɪnəsənt/ • *adj*
невиˊнний; невинуваˊтий **~ce**
• *n* невиˊнність *f*,
невинуваˊтість *f*

inquire /ɪnˈkwaɪɹ, ɪnˈkwaɪə/ • *v*
питаˊти, довіˊдуватися

insect /ˈɪnsɛkt/ • *n* комаˊха *f*,
комаˊшка *f*; хробаˊк *m*
(*xrobák*)

insert /ɪnˈsɜt, ɪnˈsɜːt/ • *v*
вставляˊти, встаˊвити

inside /ˈɪnsaɪd/ • *prep* усереˊдині,
усереˊдину

insist /ɪnˈsɪst/ • *v* наполягаˊти

instance /ˈɪnstəns/ • *n* приклаˊд,
зразоˊк; екземпляˊр

instantly /ˈɪnstəntli/ • *adv* зараз (*záraz*)

institut|e /ˈɪnstɪt(j)uːt/ • *n* інститут *m* **~ion** • *n* установа, заклад, організація; інститут

instrument /ˈɪnstrəmənt/ • *n* інструмент *m*

insufficient • *adj* недостатній

insult /ɪnˈsʌlt, ˈɪnsʌlt/ • *n* образа *f* • *v* ображати, образити

insurance /ɪnˈʃɔːɪns/ • *n* страховка; страхування

integr|al /ˈɪntɪɡrəl, ˈɪntəɡrəl/ • *n* інтеграл *m* **~ity** • *n* чесність; цілісність

integrate • *v* об'єднувати; інтегрувати

intelligence /ɪnˈtɛlɪdʒəns/ • *n* інтелект; розвідка *f*

inten|d /ɪnˈtɛnd/ • *v* наміритись, планувати, збиратися, мати намір **~tion** • *n* намір *m* **~tional** • *adj* навмисний (*navmýsnyj*), умисний (*umýsnyj*)

intense /ɪnˈtɛns/ • *adj* інтенсивний

interest /ˈɪntrɪst, ˈɪntərɪst/ • *n* відсоток *m*, процент *m*; цікавість *f*, інтерес *m* • *v* цікавити, інтересувати **~ing** • *adj* цікавий

interface /ˈɪntəfeɪs, ˈɪntəˌfeɪs/ • *n* інтерфейс *m*

interference /ˌɪntəˈfɪɪɪns, ˌɪntəˈfɪɪəns/ • *n* втручання *n*

interjection /ˌɪntəˈdʒɛkʃən, ˌɪntərˈdʒɛkʃən/ • *n* вигук *m*

international /ˌɪntəˈnæʃ(ə)n(ə)l, ˌɪntərˈnæʃ(ə)n(ə)l/ • *adj* міжнародний, інтернаціональний

Internet • *n* інтернет *m*

interpreter /ɪnˈtəːprɪtə/ • *n* перекладач *m*, перекладачка *f*

interrogat|e • *v* допитувати, допитати **~ion** • *n* допит *m*

intervention /ˌɪntəˈvɛnʃən, ˌɪntəˈvɛnʃən/ • *n* втручання *n*, інтервенція *f*, вторгнення *n*

interview /ˈɪntəvjuː, ˈɪntəvjuː/ • *n* інтерв'ю *n*; співбесіда *f*

into /ˈɪntuː, ˈɪntu/ • *prep* в, у, до

introduce /ˌɪntrəˈdus, ˌɪntrəˈdjuːs/ • *v* представляти, представити, знайомити, познайомити

intuitive /ɪnˈtjuːɪtɪv/ • *adj* інтуїтивний

inva|de /ɪnˈveɪd/ • *v* вдиратися; окупувати, захоплювати **~der** • *n* наїзник *m (najíznyk)*, загарбник *m (zahárbnyk)* **~sion** • *n* вторгнення *n*

invent /ɪnˈvɛnt/ • *v* винаходити, винайти **~ion** • *n* винахід *m* (*výnaxid*)

investment • *n* інвестиція, внесок

investigat|ion /ɪnˌvɛstəˈɡeɪʃən/ • *n* розслідування *n*, дослідження *n* **~or** • *n* слідчий *m*

invit|e /ɪnˈvaɪt/ • *v* запрошувати, запросити **~ation** • *n* запрошення *n*

invoke /ɪnˈvoʊk/ • *v* благати; закликати; викликати

involve /ɪnˈvɒlv, ɪnˈvɑlv/ • *v* стосуватися; включати,

містити **~ment** • *n* участь, причетність

Iran • *n* Іра́н *m* **~ian** • *adj* іра́нський • *n* іра́нець *m*, іра́нка *f*

Iraq • *n* Іра́к *m*

Ir|eland • *n* Ірла́ндія *f* **~ish** • *adj* ірла́ндський

iron /'aɪən, 'aɪɚn/ • *adj* залізний • *n* залізо *n*; пра́ска *f*, залізко *n* • *v* прасува́ти

irritate /'ɪɪɪteɪt/ • *v* дратува́ти

Islam • *n* ісла́м *m*, мусульманство *n* **~ic** • *adj* ісла́мський

island /'aɪlənd/ • *n* о́стрів *m*

isolation /ˌaɪsə'leɪʃən/ • *n* ізоля́ція *f*

Israel • *n* Ізра́їль *m* **~i** • *adj* ізра́їльський • *n* ізра́їльтянин *m*, ізра́їльтянка *f*

issue /'ɪsjuː, 'ɪʃ(j)u/ • *n* питання, проблема; видання, випуск • *v* випускати

Istanbul • *n* Стамбу́л

it /ɪt, ət/ • *pron* воно́ *n*, це **~s** • *det* його́ *n*, її *f*, свій **~self** • *pron* себе́; воно́ сам *n*, само́

Ital|y • *n* Іта́лія *f* **~ian** • *adj* італійський • *n* італієць *m*, італійка *f*; італійська *f*

item /'aɪtəm/ • *n* позиція, пункт; питання; стаття *f*, замітка *f*

J

jackdaw /'dʒækˌdɔː, 'dʒækˌdɔ/ • *n* га́лка *f*

jacket /'dʒæk.ɪt, 'dʒækɪt/ • *n* ку́ртка *f*, джекет *m*; піджа́к *m*

jam /'dʒæm, 'dʒæːm/ • *n* джем *m*, варе́ння *n*, мармела́д *m*, пови́дло *n*

Jamaica • *n* Яма́йка *f*

January • *n* сі́чень *m*

Japan • *n* Япо́нія *f* **~ese** • *adj* япо́нський • *n* япо́нець *m*, япо́нка *f*; японська *f*

jar /dʒɑː, dʒɑɹ/ • *n* ба́нка *f*, слоїк *m*

jaw /dʒɔː, dʒɔ/ • *n* ще́лепа *f*

jay /dʒeɪ/ • *n* сойка *f*

jazz /dʒæz/ • *n* джаз *m*

jealous /'dʒeləs/ • *adj* ревнивий

jeans /dʒiːnz/ • *n* джинси

jellyfish /'dʒeliˌfɪʃ/ • *n* меду́за *f*

Jew • *n* іуде́й *m*, іуде́йка *f*, євре́й *m*, євре́йка *f*; жид *m*, жидо́вка *f* **~ish** • *adj* євре́йський, жидо́вський

jewel /'dʒuːəl, dʒul/ • *n* дорогоці́нний ка́мінь *m*, кошто́вний ка́мінь *m*, самоцві́т *m*

job /dʒɒb, dʒɑb/ • *n* робо́та *f*, пра́ця *f*, завда́ння *n*, ді́ло *n*

joint /dʒɔɪnt/ • *adj* сумі́сний, спі́льний • *n* з'єдна́ння *n*; суглоб *m*

joke /dʒəʊk, dʒoʊk/ • *n* жарт *m*, до́теп *m*, анекдо́т *m* • *v* жартува́ти

Jordan • *n* Йорда́нія *f*; Йордан *m*; Джо́рдан *m*

journalis|t /'dʒɜnəlɪst, 'dʒɜːnəlɪst/ • *n* журналі́ст *m*, журналі́стка *f*; репортер *m*,

коресподе́нт *m* ~**m** • *n*
журналисти́ка *f*

journey /ˈdʒɜːni, ˈdʒɜːni/ • *n*
поїздка *f*, по́дорож *f* • *v*
подорожува́ти

joy /dʒɔɪ/ • *n* ра́дість *f*

judge /dʒʌdʒ/ • *n* суддя́ *m*;
рефері́ *m*, арбі́тр *m*

juice /dʒuːs, dʒus/ • *n* сік *m*

July • *n* ли́пень *m*

jump /dʒʌmp/ • *v* стриба́ти,
скака́ти

June • *n* че́рвень *m*

jungle /ˈdʒʌŋɡəl/ • *n* джу́нглі

junior /ˈdʒuːnɪə, ˈdʒunjər/ • *adj*
моло́дший *(molódšyj)*

jurisdiction • *n* юрисди́кція *f*

just /dʒʌst/ • *adj* справедли́вий

justice /ˈdʒʌs.tɪs/ • *n*
справедли́вість *f*;
правосу́ддя *n*, юсти́ція *f*

justification /ˌdʒʌstɪfɪˈkeɪʃən/ • *n*
виправда́ння *n*

Kazakhstan • *n* Казахста́н *m*

keep /kiːp/ • *v* (*sp* kept, *pp* kept)
утри́мувати; зберіга́ти;
трима́ти

Kenya • *n* Ке́нія *f*

kept *(sp/pp)* ▷ KEEP

kestrel /ˈkɛstrəl/ • *n* со́кіл *m*
(sokil), сапса́н *m* *(sapsan)*;
бориві́тер *(boriviter)*,
пости́льга *(postil'ga)*

key /kiː, ki/ • *n* ключ *m*;
кла́віша *f*, кно́пка *f* ~**board** •
n клавіату́ра *f*

kid /kɪd/ • *n* козеня́ *n*, цапеня́ *n*;
дити́на, малю́к, дитя́, маля́;
хлопчи́на, дівчина

kidnap • *v* викрада́ти,
ви́красти

kidney /ˈkɪdni/ • *n* ни́рка *f*

kill /kɪl/ • *v* вбива́ти, убива́ти,
вби́ти, уби́ти ~**er** • *n* вби́вця
f, уби́вця *f*

kilometre /ˈkɪləˌmiːtə, kəˈlɑmɪtər/
• *n* кіло́метр *m* (kilométr)

kind /kaɪnd/ • *adj* до́брий,
серде́чний, люб'я́зний;
слухня́ний • *n* вид, тип

king /kɪŋ, ŋ/ • *n* коро́ль *m*, цар
m ~**dom** • *n* королі́вство *n*,
ца́рство *n*; світ *m*

kiss /kɪs/ • *n* поцілу́нок *m* • *v*
цілува́ти, поцілува́ти;
цілува́тися

kitchen /ˈkɪtʃən/ • *n* ку́хня *f*

knee /niː, ni/ • *n* колі́но *n*

kneel /niːl/ • *v* (*sp* knelt, *pp*
knelt) ставати на коліна

kneeled *(sp/pp)* ▷ KNEEL

knelt *(sp/pp)* ▷ KNEEL

knew *(sp)* ▷ KNOW

knife /naɪf/ • *n* (*pl* knives) ніж *m*;
ле́зо *n*

knit /nɪt/ • *v* (*sp* knitted, *pp*
knitted) в'яза́ти

knitted ▷ KNIT

knives *(pl)* ▷ KNIFE

knock /nɒk, nɑk/ • *v* сту́кати,
сту́кнути

know /nəʊ, noʊ/ • *v* (*sp* knew, *pp*
known) зна́ти, ві́дати **in the**

~ • *phr* обізнаний *(obiznanyj)*, в курсі *(v kúrsi)*

knowledge /ˈnɒlɪdʒ, ˈnɑlɪdʒ/ • *n* знання́ *n*

known *(pp)* ▷ KNOW

Korea • *n* Коре́я *f* ~n • *n* коре́йська *f*

Kosovo • *n* Ко́сово *n*

Kuwait • *n* Куве́йт *m*

Kyrgyzstan • *n* Киргизста́н *m*, Кирги́зія *f*

K
L

L

label /ˈleɪbəl/ • *n* етике́тка *f*, ярли́к *m*, налі́пка *f*

labour /ˈleɪ.bə, ˈleɪ.bɚ/ • *n* пра́ця *f*; ро́ди, роди́ни, ро́диво *n*

lack /lak, læk/ • *n* брак *m*, відсу́тність *f*, недоста́ча *f* • *v* бракува́ти

lad /læd, ləd/ • *n* хло́пець *m* *(xlópec')*

ladder /ˈladə, ˈlædɚ/ • *n* драби́на *f*

lady /ˈleɪdi/ • *n* па́ні *f*, ле́ді *f*, да́ма *f*

laid *(sp/pp)* ▷ LAY

lain *(pp)* ▷ LIE

lake /leɪk/ • *n* о́зеро *n*

lamb /læm/ • *n* ягня́ *n*, бара́нчик *m*

lame /leɪm/ • *adj* кульга́вий *(kul'hávyj)*

lamp /læmp/ • *n* ла́мпа *f*, ла́мпочка *f* ~post • *n* ліхта́р *m* *(lixtár)*

land /lænd/ • *n* земля́ *f* • *v* приземля́тися, приземли́тися ~ing • *n* призе́млення *n*, поса́дка *f*

landscape /ˈlandskeɪp/ • *n* краєви́д *m*, ландша́фт *m*, пейза́ж *m*

lane /leɪn/ • *n* прову́лок *m*, але́я *f*; сму́га ру́ху *f*

language /ˈlæŋgwɪdʒ, æ/ • *n* мо́ва *f*; мова *f* *(móva)*

Laos • *n* Лао́с *m*

large /lɑːdʒ, lɑɪdʒ/ • *adj* вели́кий, чима́лий, здоро́вий

larva /ˈlɑː.və, ˈlɑɪ.və/ • *n* личи́нка *f*

laser /ˈleɪz.ə(ɪ), ˈleɪzɚ/ • *n* ла́зер *m*

last /lɑːst, læst/ • *adj* оста́нній; мину́лий at ~ • *phr* наре́шті

late /leɪt/ • *adj* пі́зній; запізні́лий; покі́йний • *adv* пі́зно

Latin • *adj* лати́нський • *n* лати́нська мова *f*, лати́нська *f*, лати́нь *f*

Latvia • *n* Ла́твія *f* ~n • *n* лати́ська *f* *(latýs'ka)*; латві́єць *m*, латві́йка *f*

laugh /lɑːf, lɑf/ • *v* смія́тися ~ter • *n* сміх *m*, ре́гіт *m*

laundry /ˈlɔːn.dɹi, ˈlɑn.dɹi/ • *n* пра́ння *n*; пра́льня *f*

law /lɔː, lɔ/ • *n* зако́н *m* ~yer • *n* юри́ст *m*, юри́стка *f*, адвока́т *m*

lay /leɪ/ • *v* *(sp* laid, *pp* laid) кла́сти, ложи́ти; уклада́ти; нести́ • *(also)* ▷ LIE

layer /leɪə, ˈleɪ.ə/ • n шар m,
верства f, пласт m, слой m

lazy /leɪzi/ • adj лінивий,
ледачий

lead /lɛd/ • n свинець m • v (sp
led, pp led) водити,
поводити, повести,
провести **~er** • n керівник
m, вождь m, лідер m **~ership**
• n лідерство; керівництво

leaf /liːf/ • n (pl leaves) лист m

leaflet /ˈliːflɪt/ • n листівка f

league /liːg/ • n ліга f

learn /lɜːn, lɜn/ • v (sp learnt, pp
learnt) учитися

learned (sp/pp) ▷ LEARN

learnt (sp/pp) ▷ LEARN

least /liːst, list/ • adv найменше
• det найменший

leather /ˈlɛðə, ˈlɛðə/ • n шкіра f

leave /liːv/ • n дозвіл;
відпустка f, відгул m • v (sp
left, pp left) покидати,
покинути, залишати,
залишати, залишити

leaves (pl) ▷ LEAF

Lebanon • n Ліван m

led (sp/pp) ▷ LEAD

left /lɛft/ • adj лівий • adv
зліва, ліворуч; наліво •
(also) ▷ LEAVE

leg /lɛg, leɪg/ • n нога f

legend /ˈlɛdʒ.ənd/ • n легенда f

legislat|ive /ˈlɛ.dʒɪ.slə.tɪv,
ˈlɛ.dʒɪ.sleɪ.tɪv/ • adj
законодавчий (zakonodávčyj)
~or • n законодавець m,
законодавиця f **~ure** • n
законодавча влада f
(zakonodávča vláda) **~ion** • n
законодавство n

(zakonodávstvo); закон m
(zakón)

leisure /ˈlɛʒə(ɹ), ˈliːʒəɹ/ • n
вільний час m (vilʹnyj čas)

lemon /ˈlɛmən/ • n лимон m

lend /lɛnd/ • v (sp lent, pp lent)
позичати, позичити

length /lɛŋ(k)θ/ • n довжина f

lens /lɛnz/ • n лінза f, об'єктив
m

lent (sp/pp) ▷ LEND

lesbian /ˈlɛzbiən/ • adj
лесбійський • n лесбійка f,
лесбіянка f

Lesotho • n Лесото n

less /lɛs/ • adj менший;
менше • adv менше; менш
~er • adj менший **~en** • v
зменшити (zmenshyty)

lesson /ˈlɛsn̩/ • n урок m, лекція
f

let /lɛt/ • v (sp let, pp let)
пускати, пустити,
дозволяти, дозволити

letter /ˈlɛtə(ɹ), ˈlɛtə/ • n буква f,
літера f; лист m

level /ˈlɛv.əl/ • n рівень m

liable /ˈlaɪəbəl/ • adj
відповідальний,
зобов'язаний; схильний,
який підлягає

liberal /ˈlɪbɹəl, ˈlɪbəɹəl/ • adj
ліберальний • n лібера́л m
~ism • n лібералізм m

liberat|e /ˈlɪbəɹeɪt/ • v звільняти,
звільнити, визволяти,
визволити **~ion** • n
визволення n (vyzvólennja)

Liberia • n Ліберія f

librar|y /ˈlaɪbɹəɹi, ˈlaɪbəɹi/ • n
бібліотека f **~ian** • n

біблioтéкар *m*,
біблioтéкарка *f*
Libya • *n* Лíвія
lice *(pl)* ▷ LOUSE
licence *(British)* ▷ LICENSE
license /ˈlaɪsəns/ • *n* ліцéнзія *f*,
дóзвіл *m*
lid /lɪd/ • *n* крúшка *f*
lie /laɪ/ • *n* брехня́ *f*, непрáвда
f • *v* (*sp* lay, *pp* lain) лежáти,
лягти́; брехáти ~ **down** • *v*
лягáти, лягти́
Liechtenstein • *n* Ліхтенштéйн
m
life /laɪf/ • *n* (*pl* lives) життя́ *n*
~**time** *n* вік
lift /lɪft/ • *n* ліфт *m*; підйóм • *v*
підніма́ти
light /laɪt/, lʌɪt/ • *adj* світлий;
лéгкий • *n* світло *n*; світло •
v (*sp* lit, *pp* lit) запáлювати,
запали́ти ~**ning** • *n*
блúскавка *f*, перýн *m* ~ **bulb**
• *n* лáмпа розжáрювання *f*,
лáмпочка *f*, лáмпа *f*
lighted (*sp/pp*) ▷ LIGHT
like /laɪk/ • *adv* як • *v*
подóбатися, люби́ти
likely /ˈlaɪkli/ • *adj* можли́вий,
ймовíрний
limb /lɪm/ • *n* кінцíвка *f*
limit /ˈlɪmɪt/ • *n* межá *f*, лімíт *m*
line /laɪn/ • *n* лíнія *f*, рúса *f*;
телефóнна лíнія *f*; чергá *f*
link /lɪŋk/ • *n* лáнка *f*;
посилáння *n*
lion /ˈlaɪən/ • *n* лев *m* ~**ess** • *n*
левúця *f*
lip /lɪp/ • *n* губá *f* ~**stick** • *n*
губнá помáда *f*
liquid /ˈlɪkwɪd/ • *n* рідинá *f*

Lisbon • *n* Лісабóн *m*
list /lɪst/ • *n* спúсок *m*
listen /ˈlɪs.ən/ • *v* слýхати;
послýхати, слýхатися; чýти
~**er** • *n* слухáч *m*, слухáчка *f*
lit (*sp/pp*) ▷ LIGHT
literary /ˈlɪtərəri, ˈlɪtərə(ə)ri/ • *adj*
літератýрний, книжкóвий
literature /ˈlɪt.ə.ɹɪ.tʃə(ɹ), ˈlɪ.tə.ɹ.tʃɚ/
• *n* літератýра *f*,
письмéнництво *n*,
письмéнство *n*
Lithuania • *n* Литвá *f* ~**n** • *n*
литóвська *f*
litre /ˈliː.tə, ˈliː.tɚ/ • *n* літр *m*
little /ˈlɪtəl, ˈlɪtl/ • *adj*
малéнький, мали́й • *adv*
мáло, небагáто
live /lɪv/ • *adj* живи́й • *adv*
нáживо • *v* жи́ти;
прожива́ти, мéшкати ~**ing** •
adj живий (žyvýj)
liver /ˈlɪvə(ɹ)/ • *n* печíнка *f*
lives (*pl*) ▷ LIFE
lizard /ˈlɪz.əd, ˈlɪz.ɚd/ • *n* я́щірка
f
llama /ˈlɑː.mə, ˈlɑmə/ • *n* лáма *f*
lobster /ˈlɒb.stə, ˈlɑb.stɚ/ • *n*
омáр *m*
location /loʊˈkeɪʃən, ləʊˈkeɪʃən/ •
n місцеполóження *n*,
полóження *n*,
розташувáння *n*
lock /lɒk, lɑk/ • *n* замóк *m*
~**smith** • *n* слю́сар *m*
log /lɒɡ, lɑɡ/ • *n* колóда *f*,
бервенó *n*; полíно *n*
London • *n* Лóндон *m*
lonely /ˈləʊnli, ˈloʊnli/ • *adj*
самóтній; відлю́дний
long /ˈlɒŋ, ˈlɔːŋ/ • *adj* дóвгий *m*

L

look /lŏk, luːk/ • *n* по́гляд *m*;
ви́гляд *m*, зо́внішність *f* • *v*
диви́тися, подиви́тися;
вигляда́ти; шука́ти, гляді́ти
~ for sb/sth • *v* шука́ти

loom /luːm, lum/ • *n* тка́цький
верста́т *m*, кро́сна *f*

loop /luːp/ • *n* петля́ *f*

lord /lɔːd, lɔːd/ • *n* госпо́дар *m*,
воло́дар *m*, хазя́їн *m*; лорд
m, вельмо́жа *f*

los|e /luːz/ • *v* (*sp* lost, *pp* lost)
втрача́ти, втра́тити, губи́ти,
загуби́ти; програва́ти,
програ́ти **~s** • *n* втра́та;
втра́ти; зби́тки

lottery /ˈlɒtəɹi, ˈlɑtɚi/ • *n*
лотере́я *f*

loud /laʊd/ • *adj* голосни́й,
гучни́й; шу́мний **~ly** • *adv*
го́лосно, гу́чно

louse /laʊs/ • *n* (*pl* lice) во́ша *f*

lov|e /lʌv, lɔːv/ • *n* любо́в *f*,
коха́ння *n* • *v* люби́ти,
коха́ти **~ing** • *adj* любля́чий
~er • *n* коха́нок *m*, коха́нець
m, коха́нка *f*

low /ləʊ, loʊ/ • *adj* ни́зький **~er**
• *adj* ни́жній

loyal /ˈlɔɪəl/ • *adj* ві́рний,
ві́дданий, лоя́льний

lucky /ˈlʌki/ • *adj* щасли́вий,
ща́сний

lunch /lʌntʃ/ • *n* обі́д *m*, ланч *m*

lung /lʌŋ/ • *n* леге́ня *f*, ле́гке *n*

lust /lʌst/ • *n* по́хіть *f*,
пожа́дливість *f*, хти́вість *f*

Luxembourg • *n* Люксембу́рг
m

lynx /lɪŋks/ • *n* рись *f*

lyrics /ˈlɪɹɪks/ • *n* слова́

Macedonia • *n* Македо́нія *f*,
Респу́бліка Македо́нія *f* **~n**
• *adj* македо́нський • *n*
македо́нець *m*, македо́нка
f; македо́нська *f*

machine /məˈʃin/ • *n* маши́на *f*

Madagascar • *n* Мадагаска́р *m*

made (*sp/pp*) ▷ MAKE

Madrid • *n* Мадри́д *m*

magazine /mæɡəˈzin, mæɡəˈziːn/
• *n* журна́л *m*, часо́пис *m*;
магази́н *m*

maggot /ˈmæɡət/ • *n* опа́риш *m*;
черв'я́к *m*, гни́да *f*

magic /ˈmadʒɪk, ˈmædʒɪk/ • *n*
ма́гія *f*, чарівни́цтво *n*,
чаклу́нство *n*; фо́кус *m*

magnet /ˈmæɡnət/ • *n* магні́т *m*

magnifying glass • *n* лу́па *f*,
збі́льшувальне скло *n*

magnitude /ˈmæɡnɪtjuːd/ • *n*
величина́ *f*

mail /meɪl/ • *n* по́шта *f*;
кольчу́га *f* **~box** • *n*
пошто́ва скри́нька *f* (*poštóva skrýn'ka*)

main /meɪn/ • *adj* головни́й,
основни́й **~land** • *n* матери́к
m **~ly** • *adv* головни́м чи́ном
(*holovným čýnom*),
перева́жно, головно́

maintain /meɪnˈteɪn/ • *v*
підтри́мувати

major /ˈmeɪdʒə(ɹ), ˈmeɪdʒɚ/ • *n*
майо́р *m* **~ity** • *n* бі́льшість *f*

make /meɪk/ • v (sp made, pp made) роби́ти, зроби́ти, виготовля́ти, вигото́вити ~ up • v склада́ти; компенсува́ти, відшкодо́вувати; вига́дувати, ви́гадати, виду́мувати, ви́думати, приду́мувати, приду́мати ~up • n макія́ж m, грим m

Malawi • n Мала́ві

Malaysia • n Мала́йзія f

Maldives • n Мальді́ви

male /meɪl/ • adj чолові́чий • n чолові́к m; саме́ць m

Mali • n Малі́ f

mall /mæl, mɔːl/ • n торго́вий центр m

mallard /ˈmæl.ɑː(ɹ)d, ˈmælərd/ • n крижень (križen')

Malta • n Ма́льта f

mammoth /ˈmæməθ/ • n ма́монт m, ма́мут m

man /mæn/ • n (pl man) люди́на f, лю́ди, чолові́к; муж ~kind • n лю́дство n

manage /ˈmænɪdʒ/ • v управля́ти (upravljáty), керува́ти (keruváty); вдаватися ~ment • n управлі́ння n, ме́неджмент m, керува́ння n ~r • n ме́неджер m, дире́ктор m, керівни́к m

mandatory /ˈmæn.də.t(ə)ɹi, ˈmæn.də ˌtɔ.ɹi/ • adj обов'язко́вий

mansion /ˈmæn(t)ʃən/ • n особня́к m

manual /ˈman.j(ʊ)əl, ˈmænjə(w)l/ • n інстру́кція f (instrúkcija)

many /ˈmɛni, ˈmɪni/ • det бага́то, чима́ло

map /mæp/ • n ка́рта f, ма́па f, план m

marathon /ˈmæɹəθən, ˈmɛɹəˌθən/ • n марафо́н m

marble /ˈmɑːbəl, ˈmɑːɹbəl/ • n мармур m (mármur)

March /mɑːtʃ, mɑɹtʃ/ • n бе́резень m

march /mɑːtʃ, mɑɹtʃ/ • n марш m

marine /məˈɹiːn/ • adj морськи́й

mark /mɑːk/ • n оці́нка f

market /ˈmɑːkɪt, ˈmɑːɹkɪt/ • n ри́нок m, база́р m ~ing • n ма́ркетинг m, марке́тинг m

marmot /ˈmɑːɹ.mət/ • n бабáк m, байба́к m

marr|y /ˈmæɹɪn, ˈmæɹi/ • v жени́тися, вихо́дити за́між, ви́йти за́між, бра́ти шлюб ~iage • n шлюб m, одру́ження n ~ied • adj замі́жня f; одру́жений m, жона́тий m

Mars • n Марс m

martial /ˈmɑːʃəl, ˈmɑɹʃəl/ • adj військо́вий, воє́нний

mask /mɑːsk, mæsk/ • n ма́ска f

mass /mæs/ • n ма́са f; ме́са f

massacre /ˈmæs.ə.kəɹ, ˈmæs.ə.kə(ɹ)/ • n різня́ f, різани́на f, маса́кра f, бо́йня f

master /ˈmɑːstə, ˈmæstər/ • n хазя́їн m, госпо́дар m, воло́дар m; ма́йстер m ~piece • n шеде́вр m

match /mætʃ/ • n матч m; сірни́к m ~maker • n сват m, сва́ха f, сва́шка f

material /mə'tɪɹɪəl, mə'tɪɛɹɪəl/ • *n*
матеріáл *m*

mathematics /mæθ(ə)'mætɪks/ •
n математика *f*

maths ▷ MATHEMATICS

matter /'mætə, 'mætəʳ/ • *n*
матéрія; речовинá; спрáва,
питáння; діло • *v* мáти
знáчення

mature /mə'tjʊə, mə'tʃʊ(ə)ɹ/ • *adj*
зрíлий

Mauritania • *n* Мавритáнія *f*

Mauritius • *n* Маврúкій *m*

May /meɪ/ • *n* трáвень *m*

mayor /'meɪə, 'mɛə/ • *n* мер *f*
(mer)

me /miː, mi/ • *pron* менé *(mené)*;
менí *(mení)*

meal /miːl/ • *n* їжа *f*, стрáва *f*

mean /miːn/ • *adj* серéдній • *n*
серéднє • *v* (*sp* meant, *pp*
meant) означáти, знáчити;
мáти на увáзі; збирáтися;
дýмати ~ing • *n* знáчення *n*;
сенс *m* ~ingful • *adj*
багатозначний, виразний,
значний ~ingless • *adj*
безглуздий

means /miːnz/ • *n* (*pl* means)
спóсіб *m*, зáсіб *m*; багáтство
n

meant (*sp/pp*) ▷ MEAN

meanwhile /'miːnwaɪl, 'miːnhwaɪl/
• *adv* в той же час; тим
часом

measure /'mɛʒə, 'mɛʒəʳ/ • *n*
вимірювання; такт; міра *f* •
v вимірювати ~ment • *n*
вимірювання

meat /miːt, mit/ • *n* м'ясо *n*
~ball • *n* тюфтельки

mechani|c • *n* механік *m* ~sm
• *n* механíзм *m*

medal /'mɛdəl/ • *n* медáль *f*

meddlesome • *adj* нахабний

medicine /'mɛd.sɪn, 'mɛ.dɪ.sɪn/ • *n*
лíки, лік *m*, лікáрство *n*;
лікувáння *n*; медицúна *f*

medium /'miːdɪəm/ • *adj*
серéдній

meet /miːt, mit/ • *v* (*sp* met, *pp*
met) зустрічáти, зустрíти

meeting /'miːtɪŋ, 'mitɪŋ/ • *n*
збóри, зýстріч *f*, засідання *n*

Melbourne • *n* Мéльбурн *m*

melody /'mɛl.ə.di, 'mɛl.ə.di/ • *n*
мелóдія *f*

member /'mɛmbə, 'mɛmbəʳ/ • *n*
член *m* ~ship • *n* членство *n*
(člénstvo)

memoir /'mɛm.wɑɹ, 'mɛm.ɔɹə/ • *n*
мемуáри

memory /'mɛm(ə)ɹi, 'mɪm(ə)ɹi/ • *n*
пáм'ять *f*; спóгад *m*, спóмин
m, згáдка *f*, спóминка *f*,
спóминок *m*

men (*pl*) ▷ MAN

mention /'mɛnʃən/ • *n*
посилання, згадка • *v*
згадати, згадувати,
посилатися

menu /'mɛnjuː, 'mɛnju/ • *n* меню́
n

merchant /'mɜtʃənt, 'mɜːtʃənt/ • *n*
торгóвець *m*, купéць *m*

Mercury /'mɜːkjʊɹi, 'mɜːkjəɹi/ • *n*
Меркýрій *m*

mercy /'mɜːsi, 'mɜːsi/ • *n*
милосéрдя *n*, мúлість *f*,
пощáда *f*

merely /'mɪəli, 'mɪɹli/ • *adv* лишé,
тíльки, прóсто

M

mess /mɛs/ • *n* бе́злад, плутанина

message /ˈmɛsɪdʒ/ • *n* повідо́млення *n*; посла́ння *n*

met *(sp/pp)* ▷ MEET

metal /ˈmɛtəl/ • *n* мета́л *m*; метал *m* ~**lic** • *adj* металічний, металевий

metaphor /ˈmɛt.ə.fɔː(ɹ), ˈmɛt.ə.fɔɹ/ • *n* мета́фора *f*

meteorite /ˈmiː.tɪ.ɹaɪt, ˈmi.ti.əˌɹaɪt/ • *n* метеори́т *m*

meteorology /ˌmiː.tiːˈɹɒlədʒi, ˌmiti.əˈɹɑːlədʒi/ • *n* метеорологія *f*

meter /ˈmiːtəɹ, ˈmiːtə/ • *n* вимі́рювати *m*

method /ˈmɛθəd/ • *n* ме́тод *m*, спо́сіб *m*, прийо́м *m*

metre *(British)* ▷ METER

Mexico • *n* Ме́ксика *f*

mice *(pl)* ▷ MOUSE

middle /ˈmɪdəl, ˈmədəl/ • *adj* сере́дній • *n* середи́на *f* ~ **finger** • *n* сере́дній па́лець *m*

midnight /ˈmɪdnaɪt, ˈmɪdˌnaɪt/ • *n* пі́вніч *f*

midst /mɪdst/ • *n* середина *f* • *prep* серед

midwife /ˈmɪd.waɪf/ • *n* акуше́рка *f*

might /maɪt/ • *n* міць, могу́тність • *v* мо́же бу́ти

mile /maɪl/ • *n* ми́ля *f*

militant /ˈmɪlɪtənt/ • *adj* войовни́чий, бойови́й • *n* бойови́к *m*

military /ˈmɪl.ɪ.tɹi, ˈmɪl.ɪ.tɛɹ.i/ • *adj* воє́нний, військо́вий

militia /məˈlɪʃə/ • *n* міліція *f*

milk /mɪlk/ • *n* молоко́ *n* • *v* дої́ти

Milky Way • *n* Чума́цький Шлях *m*

mill /mɪl/ • *n* млин *m* • *v* моло́ти

million /ˈmɪljən/ • *num* мільйо́н *m*

millipede /ˈmɪləpid/ • *n* багатоні́жка *f* *(bahatonížka)*

mind /maɪnd/ • *n* ро́зум *m* • *v* запере́чувати, бути проти

mine /maɪn/ • *n* ша́хта *f*, рудни́к *m*; мі́на *f* • *pron* мій

miner /ˈmaɪnə/ • *n* шахта́р *m*, гірни́к *m*

mineral /ˈmɪn.ɹən.əl/ • *n* мінера́л *m*

minist|er /ˈmɪnɪstə, ˈmɪnɪstɚ/ • *n* міні́стр *m* ~**ry** • *n* міністе́рство *m*

mink /mɪŋk/ • *n* но́рка *f*

minority /maɪˈnɒɹ.ɪ.ti, maɪˈnɔɹ.ɪ.ti/ • *n* ме́ншість *f*

minute /ˈmɪnɪt/ • *n* хвили́на *f*

miracle /ˈmɪɹəkəl, ˈmiɹəkəl/ • *n* чу́до *n*, ди́во *n*

mirror /ˈmɪɹ.ə, ˈmɪɹ.ɚ/ • *n* дзе́ркало *n*

misbehavior /ˌmɪsbəˈheɪvjɚ, ˌmɪsbəˈheɪvjə/ • *n* погана поведі́нка

misery /ˈmɪz(ə)ɹi, ˈmɪz(ə)ɹi/ • *n* неща́стя *n* *(neščástja)*, біда́ *f* *(bidá)*, го́ре *n* *(hóre)*; зли́дні, бі́дність, нужда́ *f*

misleading • *adj* обма́нливий

miss /mɪs/ • *n* па́нна *f*, міс • *v* скуча́ти; пропусти́ти ~**ing** • *adj* відсу́тній, загу́блений

missile /ˈmɪsaɪl/ • *n* раке́та *f*

mission /ˈmɪʃ(ə)n/ ● *n* місія *f* *(misija)* **~ary** ● *n* місіонéр *m*, місіонéрка *f*

mist /mɪst/ ● *n* туман *m*, серпанок *m*

mistake /mɪˈsteɪk/ ● *n* помилка *f* ● *v* помилятися

mistress /ˈmɪstrɪs/ ● *n* господиня *f*, хазяйка *f*; коханка *f*

mode /məʊd, moʊd/ ● *n* режим *m*

model /ˈmɒdl̩, ˈmɑːdl̩/ ● *n* модéль *f*

modern /ˈmɒd(ə)n, ˈmɑdərn/ ● *adj* сучáсний

modest /ˈmɒdəst/ ● *adj* скрóмний

modification /ˌmɒdɪfɪˈkeɪʃən, ˌmɑːdɪfɪˈkeɪʃən/ ● *n* видозмíна *f*, модифікáція *f*

Moldova ● *n* Молдóва *f*, Молдáвія *f*

mole /məʊl, moʊl/ ● *n* родимка *f*; кріт *m*

molecule /ˈmɒləkjuːl, ˈmɑːləkjul/ ● *n* молéкула *f*

moment /ˈməʊmənt, ˈmoʊmənt/ ● *n* момéнт *m*, мить *f*, хвилина *f*, хвилька *f*, хвилинка *f*

Monaco ● *n* Монáко *n*

Monday ● *n* понедíлок *m*

money /ˈmʌni/ ● *n* грóші

Mongolia ● *n* Монгóлія *f* **~n** ● *adj* монгóльський ● *n* монгóл *m*, монгóлка *f*; монгóльска *f*

mongoose /ˈmɒŋguːs, ˈmɑŋgus/ ● *n* мангýст *m*

monitor /ˈmɒnɪtə/ ● *n* монíтóр *m*

monk /mʌŋk/ ● *n* монáх *m*

monkey /ˈmʌŋki/ ● *n* мáвпа *f*

monster /ˈmɒnstə(ɹ), ˈmɑnstər/ ● *n* чудóвисько *n*, чýдище *n*, потвóра *f*, почвáра *f*, чýдисько *n*, монстр *m*

Montenegro ● *n* Чорногóрія

month /mʌnθ/ ● *n* мíсяць *m*

monument /ˈmɒnjəmənt/ ● *n* пáмʼятник *m*, монумéнт *m*

mood /muːd/ ● *n* нáстрій *m*

moon /muːn/ ● *n* мíсяць *m*; супýтник *m*, сателíт *m* **~light** ● *n* мíсячне свíтлó *n*

moose /muːs/ ● *n* лось *m*

morality /məˈɹæliti/ ● *n* морáль *f*

more /mɔː, ˈmɔɹ/ ● *adv* бíльше, ще; бíльш ● *det* бíльше; ще

morning /ˈmɔːnɪŋ, ˈmɔɹnɪŋ/ ● *n* рáнок *m*

Morocco ● *n* Марóкко *n*

mortal /ˈmɔːtəl/ ● *adj* смéртний *m*

mortgage /ˈmɔːɡɪdʒ, ˈmɔɹ.ɡɪdʒ/ ● *n* іпотéка

Moscow ● *n* Москвá *f*

mosque /mɑsk, mɒsk/ ● *n* мечéть

most /məʊst, ˈmoʊst/ ● *adv* найбíльше; най- **~ly** ● *adv* головним чином, здебíльшого, перевáжно *(perevazhno)*, звичáйно *(zvychaino)* **at ~** ● *phr* щонайбíльше

moth /mɒθ, mɔθ/ ● *n* міль *f*

mother /ˈmʌðə(ɹ), ˈmʌðə/ ● *n* мáти *f*, мáма *f*, мáтір *f*, нéня, матýся *f*, мáмця *f* **~ tongue** ● *n* рíдна мóва *f* *(rídna móva)* **~-in-law** ● *n* свекрýха *f*, тéща *f* **~land** ● *n* ба́тьківщина *f*, вітчи́зна *f*

motion /'məʊʃən, 'moʊʃən/ ● *n* рух

motivation ● *n* мотива́ція *f*

motor /'məʊtə, 'moʊtɚ/ ● *n* мото́р *m*, двигу́н *m* **~cycle** ● *n* мотоци́кл *m*

mountain /'maʊntɪn, 'maʊntən/ ● *n* гора́ *f*

mouse /maʊs, mʌʊs/ ● *n* (*pl* mice) ми́ша *f*; ми́шка *f*

mouth /maʊθ, mʌʊθ/ ● *n* рот *m*; ги́рло *n*

move /muːv/ ● *v* ру́хатися; переїжджати, переїхати; ру́хати **~ment** ● *n* рух *m*, пересува́ння *n*

movie /'muːvi/ ● *n* фільм *m*, кіно́ *n*, кінофільм *m*

mow /məʊ, moʊ/ ● *v* (*sp* mowed, *pp* mown) коси́ти, сікти́

mowed (*sp/pp*) ▷ MOW

mown (*pp*) ▷ MOW

Mozambique ● *n* Мозамбік *m*

Mr. ● *n* пан *m*

Mrs ● *n* па́ні *f*

much /mʌtʃ/ ● *det* бага́то, чима́ло

mud /mʌd/ ● *n* грязь *f*, бруд *m*

mule /mjuːl/ ● *n* мул *m*

multipl|y /'mʌltɪplaɪ/ ● *v* мно́жити, помно́жити **~ication** ● *n* мно́ження *n*

mum /mʌm/ ● *n* ма́ма *f*, матуся *f*, ма́тінка *f*, не́нька *f*, не́ня *f*

municipal /mjuː'nɪsɪpəl/ ● *adj* міськи́й, муніципа́льний **~ity** ● *n* муніципалітет *m*

murder /'mɜːdə(ɹ), 'mɜ.dɚ/ ● *n* вби́вство *n* ~ ● *n* вби́вство *n*

~er ● *n* вби́вця *f*, уби́вця *f*, душогу́б *m*

muscle /'mʌs.əl/ ● *n* м'яз *m*, му́скул *m*

museum /mjuːˈziːəm, mjuˈziːəm/ ● *n* музе́й *m*

mushroom /'mʌʃˌruːm/ ● *n* гриб *m*

music /'mjuːzɪk, 'mjuzɪk/ ● *n* му́зика *f* **~al** ● *adj* музи́чний ● *n* мю́зикл *m*, м'ю́зикл *m* **~ian** ● *n* музика́нт *m*

Muslim ● *n* мусульма́нин *m*, мусульма́нка *f*

must /mʌst, məs(t)/ ● *v* му́сити, пови́нний, пови́нен

mute /mjuːt/ ● *adj* німи́й ● *n* німи́й *m*

mutual /'mjuːtʃuəl/ ● *adj* взає́мний; обопі́льний; спі́льний

my /maɪ, mɪ/ ● *det* мій

Myanmar ● *n* М'янма *f*, Бірма *f*

myself /maɪˈsɛlf/ ● *pron* себе́, собі́, собо́ю, -ся; я сам *m*

myster|y /'mɪstəɹi/ ● *n* таємни́ця *f*, зага́дка *f* **~ious** ● *adj* таємни́чий

myth /mɪθ/ ● *n* міф *m*; повір'я *n*, леге́нда *f* **~ology** ● *n* міфоло́гія *f*

nail /neɪl/ ● *n* ні́готь *m*; цвях *m* ● *v* прибива́ти, приби́ти

naive /naɪ'iv/ • *adj* наївний

naked /'neɪkɪd, 'nɛkɪd/ • *adj* голий, нагий

name /neɪm/ • *n* ім'я *n*, назва *f*; репутація *f* **~ly** • *adv* а саме (*a sáme*), тобто

Namibia • *n* Намібія *f*

narrate /'nəɹeɪt, 'næɹeɪt/ • *v* розповідати, розповісти, розказувати, розказати

narrow /'næɹoʊ, 'næɹəʊ/ • *adj* вузький

nation /'neɪʃən/ • *n* нація *f*, народ *m*; держава *f* **~al** • *adj* національний, народний; державний

NATO • *n* (*abbr* North Atlantic Treaty Organization) НАТО *f* (*NÁTO*)

natur|e /'neɪtʃə, 'neɪtʃɚ/ • *n* природа *f* **~al** • *adj* природний; натуральний

naughty /'nɔːti, 'nɒti/ • *adj* неслухняний

near /nɪə(ɹ), nɪɹ/ • *adj* близький, ближній • *adv* близько • *prep* біля **~ly** • *adv* майже, сливе

neat /niːt/ • *adj* охайний, чистий, акуратний; чепурний • *n* віл, корова **~ly** • *adv* чисто, охайно

necess|ary /'nɛsəˌsɛɹi, 'nɛsəsɹi/ • *adj* необхідний, потрібний, неминучий **~ity** • *n* необхідність *f*, нужда *f*, потреба *f*

neck /nɛk/ • *n* шия *f* **~tie** • *n* краватка *f*, галстук *m*

need /niːd/ • *n* нужда *f*, потреба *f*, необхідність *f*,

нужа *f* • *v* потребувати

needle /'niː.dl/ • *n* голка *f*; стрілка *f*

negative /'nɛɡətɪv, 'nɛ(e)ɡəˌɹɪv/ • *adj* від'ємний, негативний

negotiation /nɪˌɡoʊʃi'eɪʃn/ • *n* переговори, перемови, перемовини

neighbo|ur /'neɪbə, 'neɪbɚ/ • *n* сусід *m*, сусідка *f*; ближній *m* • *v* межувати **~rhood** • *n* сусідство *n* (*susídstvo*), округа *f* (*okrúha*), околиці (*okólyci*)

neighbourhood (*British*) ▷ NEIGHBORHOOD

neither /'naɪð.ə(ɹ), 'naɪðɚ/ • *conj* ні X ні X • *pron* жоден *m*

Nepal • *n* Непал *m*

nerve /nɜv, nɜːv/ • *n* нерв *m*

nest /nɛst/ • *n* гніздо *n*

net /nɛt/ • *n* мережа *f*, сіть *f*, сітка *f* **~work** • *n* мережа *f*, сіть *f*

Netherlands • *n* Нідерланди, Голландія *f*

neuter /'njuːtə, 'nuːtɚ/ • *adj* середній • *n* середній рід

neutral /'njuːtɹəl, 'nuːtɹəl/ • *adj* нейтральний **~ity** • *n* нейтральність *f*

never /'nɛv.ə(ɹ), 'nɛ.vɚ/ • *adv* ніколи

new /njuː, n(j)u/ • *adj* новий

New York • *n* Нью-Йорк *m*

New Zealand • *n* Нова Зеландія *f*

news /nuːz/ • *n* (*pl* news) новини, вісті **~paper** • *n* газета *f*

next /nɛkst/ ● *adj* насту́пний, майбу́тній ~ **to** ● *prep* поруч

Nicaragua ● *n* Нікара́гуа *f*

nice /naɪs/ ● *adj* до́брий, фа́йний, приє́мний, ми́лий

Niger ● *n* Ні́гер *m*

Nigeria ● *n* Ніге́рія *f*

night /naɪt/ ● *n* ніч *f* ~**mare** ● *n* кошма́р *(koshmar)*

nightingale /ˈnaɪtɪŋgeɪl/ ● *n* солове́йко *m*, солове́й *m*

nin|e /naɪn/ ● *num* де́в'ять, де́в'ятеро ~**eteen** ● *num* дев'ятна́дцять ~**th** ● *adj* дев'я́тий ~**ety** ● *num* дев'яно́сто

no /nəʊ/ ● *n* ● не ~ **one** ● *pron* ніхто́ *(nixtó)*

nobility /noʊˈbɪlɪti, nəʊˈbɪlɪti/ ● *n* дворя́нство *n*

nod /nɒd, nɑd/ ● *v* кива́ти, кивну́ти

nois|e /nɔɪz/ ● *n* шум *m* *(šum)* ~**y** ● *adj* гучни́й, голосни́й, шу́мний, галасли́вий

none /nʌn/ ● *pron* ніхто́, жо́ден; нія́кий ~**theless** ● *adv* тим не менш, все-таки, одна́к, про́те

nonsense /ˈnɒnsɛns, ˈnɒnsəns/ ● *n* дурни́ця *f*, нісені́тниця *f*, безглу́здя *n*, абсу́рд *m*, но́нсенс *m*

noon /nuːn/ ● *n* по́лудень *m*, пі́вдень *m*

norm /nɔːm/ ● *n* но́рма *f*

normality ● *n* нормальність *m*

north /nɔːθ, nɔɹθ/ ● *adj* півні́чний *m* ● *adv* на пі́вніч ● *n* пі́вніч *f* ~**ern** ● *adj* півні́чний *m* ~**west** ● *n* півні́чний за́хід *m* ~**east** ● *n* півні́чний схід *m*

Norw|ay ● *n* Норве́гія *f* ~**egian** ● *adj* норве́зький ● *n* норве́зька *f*

nose /nəʊz, noʊz/ ● *n* ніс *m*

not /nɒt, nɑt/ ● *adv* не

note /nəʊt, noʊt/ ● *n* запи́ска *f*, циду́лка *f*, циду́ла *f*, замі́тка *f*, нота́тка *f*; но́та *f* ~**book** ● *n* блокно́т *m*, зо́шит *m*, записна́ кни́жка *f*

nothing /ˈnʌθɪŋ/ ● *pron* нічо́, нічо́го

notice /ˈnəʊtɪs, ˈnoʊtɪs/ ● *n* об'я́ва *f*, оголо́шення *n*, повідо́млення *n* ● *v* поміча́ти, помі́тити, завва́жувати, завва́жити

notification /ˌnəʊtɪfɪˈkeɪʃən, ˌnoʊtɪfɪˈkeɪʃən/ ● *n* спові́щення *f* *(spovishchennya)*

notion /ˈnəʊʃən, ˈnoʊʃən/ ● *n* поня́ття *n* *(ponjáttja)*; уя́влення, іде́я

noun /naʊn, næːn/ ● *n* іме́нник *m*

novel /ˈnɒvl̩, ˈnɑvəl/ ● *n* рома́н *m*, нове́ла *f*, по́вість *m*

November ● *n* листопа́д *m*

novice /ˈnɒvɪs/ ● *n* нова́к *m*, нова́чок *m*, нова́чка *f*; неофі́т *m*

now /naʊ/ ● *adv* тепе́р, ни́ні ~**adays** ● *adv* тепе́р *(tepér)*, нині *(nýni)* **for** ~ ● *phr* по́ки

nowhere ● *adv* ніде *(nidé)*; нікуди *(nikudý)*

nucle|us /ˈnjuːkli.əs, ˈnuːkli.əs/ ● *n (pl* nuclei) ядро́ *n* ~**ar** ● *adj* я́дерний

number /ˈnʌmbə, ˈnʌmbɚ/ • *n*
число́ *n*; числі́вник *m*, ци́фра
f; но́мер *m*

numer|al /ˈnjuːmərəl, ˈnuməɾəl/ •
n ци́фра *f*, число́ *n*;
числі́вник *m* **~ical** • *adj*
числови́й, цифрови́й **~ous** •
adj багаточи́сельний

nurse /nɜːs, nɜs/ • *n* ня́ня *f*;
медсестра́ *f*, сестра́ *f* **~ry** •
n я́сла *f*

nut /nʌt/ • *n* горі́х *m*; га́йка *f*

nutrition /njuːˈtɪʃən, nuˈtɪɪʃən/ •
n харчува́ння *n* *(xarčuvánnja)*

O

o'clock /əˈklɒk, əˈklɑk/ • *adv*
годи́на *f* *(hodýna)*, пе́рша *f*
(pérša); у годи́ну *(u hodýnu)*, о
пе́ршій *(o péršij)*

oak /oʊk, əʊk/ • *n* дуб *m*

obesity • *n* ожирі́ння

obe|y /oʊˈbeɪ, əʊˈbeɪ/ • *v*
підкоря́тися, підкори́тися
~dient • *adj* слухня́ний,
покі́рний, покі́рливий,
послу́шний **~dience** • *n*
покі́рність *f*, послу́шність *f*,
поко́ра *f*

object /ˈɒb.dʒɛkt, ˈɑb.dʒɛkt/ • *n*
предме́т *m*, об'є́кт *m*;
дода́ток *m* • *v*
запере́чувати, запере́чити
~ive • *adj* об'єкти́вний

obligation /ɑb.ləˈɡeɪ.ʃən, əbˈzːsːvə/ • *n*
зобов'я́зання *n*,
зобов'я́за́ння *n*, пови́нність
f, обов'я́зок *m*

observer /əbˈzɜːvə, əbˈzːːvə/ • *n*
спостеріга́ч

obstacle /ˈɒbstəkl/ • *n*
перешко́да *f*, перепо́на *f*

obtain /əbˈteɪn/ • *v* отри́мувати

obvious /ˈɑ(b).vɪ.əs, ˈɒ(b).vɪəs/ •
adj очеви́дний *m*, я́вний *m*
~ly • *adv* очеви́дно

occasion /əˈkeɪʒən/ • *n* ви́падок
m; при́від **~ally** • *adv* зрі́дка,
час від ча́су

occup|y /ˈɒkjʊpaɪ, ˈɑkjəpaɪ/ • *v*
окупува́ти, займа́ти,
зайня́ти **~ier** • *n* окупа́нт *m*,
окупа́нтка *f* **~ation** • *n*
окупа́ція *f*

occur /əˈkɜː, əˈkɜ/ • *v* става́тися,
ста́тися, трапля́тися,
тра́питися, відбува́тися,
відбу́тися; приходити в
голову, спадати на думку
~rence • *n* ви́падок *m*, поді́я
f

ocean /ˈəʊ.ʃən, ˈoʊ.ʃən/ • *n* океа́н
m

Oceania • *n* Океа́нія *f*

October • *n* жо́втень *m*

odd /ɒd, ɑd/ • *adj* непа́рний

of /ɒv, əv/ • *prep* до; з; про

offen|d /əˈfɛnd/ • *v* обража́ти,
кри́вдити; пору́шувати
~sive • *adj* обра́зливий *m* • *n*
на́ступ *m*, ата́ка *f*

offer /ˈɒfə(ɪ), ˈɔfə/ • *n*
пропози́ція *f* • *v*
пропонува́ти, офірува́ти

office /ˈɒfɪs, ˈɔfɪs/ • *n* офіс *m*, конто́ра *f*, бюро́ *n* **~r** • *n* офіце́р *m*

official /əˈfɪʃəl/ • *n* службо́ва осо́ба *f*, урядо́ва осо́ба, службо́вка

offspring /ˈɒfsprɪŋ, ˈɔfsprɪŋ/ • *n* (*pl* offspring) наща́док *m*; пото́мство *n*, нащадки; плід *m*, дітище *n*

often /ˈɒf(t)ən, ˈɔf(t)ən/ • *adv* ча́сто

oil /ɔɪl/ • *n* олі́я *f*; на́фта *f*

OK • *adj* оке́й, до́бре • *n* пра́вильне, гара́зд

old /əʊld, oʊld/ • *adj* стари́й

Olympics • *n* олімпіа́да *f*

Oman • *n* Ома́н *m*

on /ɒn, ɑn/ • *prep* на

once /wʌn(t)s, wʌns/ • *adv* раз, оди́н раз; коли́сь **~ again** • *adv* ще раз **~ and for all** • *adv* раз і назавжди́

one /wʌn, wan/ • *num* оди́н, одини́ця *f*

onion /ˈʌnjən, ˈʌnjɪn/ • *n* лук *m*, цибу́ля *f*; лу́ковиця *f*, цибу́лина *f*

only /ˈəʊn.li, ˈoʊn.lɪ/ • *adj* єди́ний • *adv* ті́льки, лише́ • *conj* але́, одна́к, проте́

open /ˈəʊ.pən, ˈoʊ.pən/ • *adj* відкри́тий *m*, відве́ртий • *v* відкрива́ти, відкри́ти, відчиня́ти, відчини́ти

opera /ˈɒp.ə.ɹə, ˈɑ.pəɹə/ • *n* о́пера *f*

operat|e • *v* працюва́ти; оперува́ти; керува́ти **~ing system** • *n* операці́йна система *f* (*operacijna systéma*)

opinion /əˈpɪnjən/ • *n* ду́мка, по́гляд, зда́ння *n*

opportunity /ˌɒp.əˈtjuː.nɪ.ti, ˌɑpəˈtunəti/ • *n* можли́вість *f*, шанс *m*

opposit|e /ˈɒpəzɪt, ˈɑp(ə)sɪt/ • *adj* протиле́жний **~ion** • *n* опози́ція *f*

optimis|tic /ˌɒptɪˈmɪstɪk, ˌɑptɪˈmɪstɪk/ • *adj* оптимісти́чний **~m** • *n* оптимі́зм *m*

optional • *adj* необов'язко́вий, факультати́вний, опціона́льний

or /ɔː(ɹ), ɔɹ/ • *conj* чи, або́

oral /ˈɔːɹəl, ˈɔɹəl/ • *adj* ротови́й, ора́льний; у́сний

orange /ˈɒɹɪn(d)ʒ, ˈɑɹɪndʒ/ • *adj* ора́нжевий, помара́нчевий • *n* апельси́н *m*; оранжевий

orbit • *n* орбі́та *f*

orchestra • *n* орке́стр *m*

order /ˈɔːdə, ˈɔɹdɚ/ • *n* поря́док *m*; нака́з *m*, ро́зказ *m*, зака́з *m*, за́гад *m*, кома́нда *f*, прика́з *m*, розпоря́дження; замо́влення *n*; о́рден *m* • *v* нака́зувати, наказа́ти, прика́зувати, приказа́ти; замовля́ти, замо́вити

oregano /ɒɹɪˈɡɑːnəʊ, ɔˈɹɛɡənoʊ/ • *n* матери́нка *f* (*materinka*)

organ /ˈɔːɡən, ˈɔːɡən/ • *n* о́рган *m*; орга́н *m*

organic /ɔːˈɡænɪk, ɔɹˈɡænɪk/ • *adj* органі́чний

organism /ˈɔːɡən.ɪ.zəm, ˈɔɹɡən.ɪ.zæm/ • *n* органі́зм *m*

organization /ˌɔː(ɹ)gəˌnaɪˈzeɪʃən, ˌɔɹgənəˈzeɪʃən/ • *n* організа́ція *f*

origin /ˈɒɹ.ɪ.dʒɪn, ˈɔɹ.ɪ.dʒɪn/ • *n* джерело́ *n*, крини́ця *f*, поча́ток *m*; похо́дження *n* **~al** • *adj* оригіна́льний • *n* оригіна́л *m* **~ally** • *adv* спочатку; оригінально **~ate** • *v* породжувати, створювати; виникати

Oslo • *n* Осло *m*

ostrich /ˈɒs.tɹɪtʃ, ˈɔs.tɹɪtʃ/ • *n* стра́ус *m*

other /ˈʌðə(ɹ), ˈʊðəɹ/ • *adj* і́нший **~wise** • *adv* іна́кше; в і́ншому ви́падку; втім

otter /ˈɒt.ə, ˈɑtəɹ/ • *n* ви́дра *f*

our /ˈaʊə(ɹ), ˈaʊəɹ/ • *det* наш **~s** • *pron* наш *(naš)* **~selves** • *pron* ми сами́, ми самі́

out|ing /ˈaʊtɪŋ/ • *n* а́утинг *m* **~side** • *adv* зо́вні

oven /ˈʌ.vn̩/ • *n* піч *f*, пі́чка *f*

over /ˈəʊ.və(ɹ), ˈoʊ.vəɹ/ • *adj* закі́нчений • *adv* зно́ву • *prep* над; че́рез; на **~all** • *adj* зага́льний, по́вний, всеося́жний • *adv* загало́м, в ціло́му • *n* спецо́дяг, комбінезо́н **~whelm** • *v* поглина́ти, зава́лювати; придуши́ти, розгроми́ти, розби́ти, переванта́жувати, переважа́ти; приголо́мшувати, переповнювати

owe /əʊ, oʊ/ • *v* ви́нен *m*, ви́нна *f*, ви́нні, бу́ти винний, му́сити, пови́нний

owl /aʊl/ • *n* сова́ *f*, сич *m*

own /ˈəʊn, ˈoʊn/ • *adj* свій, вла́сний • *v* володі́ти, ма́ти **~er** • *n* вла́сник *m*, хазя́їн *m*

ox /ˈɑks, ˈɒks/ • *n* віл *m (vil)*, бик *m (byk)*

oxygen /ˈɒksɪdʒən/ • *n* ки́сень *m*

oxymoron /ˌɒksɪˈmɔːɹɒn, ˌaksɪˈmɔɹɑn/ • *n* окси́морон *m*

P

pace /peɪs/ • *n* крок *m*; хода́; одно́хідь *f*; темп *m*

pack /pæk/ • *n* паке́т *f*, па́чка *f*, па́ка *f*; коло́да *f* **~age** • *n* паке́т *m*; пакунок *m* **~et** • *n* паке́т *m*, па́чка *f*

page /peɪdʒ, paːʒ/ • *n* сторі́нка *f*

paid *(sp/pp)* ▷ PAY

pain /peɪn/ • *n* біль *m*

paint /peɪnt/ • *n* фа́рба *f*, ба́рва *f* **~er** • *n* худо́жник *m*; маля́р *m* **~ing** • *n* живо́пис *m*, маля́рство *n*

pair /pɛə(ɹ)/ • *n* па́ра *f*

Pakistan • *n* Пакиста́н *m*

palace /ˈpæləs, ˈpælɪs/ • *n* пала́ц *m*

Palestine • *n* Палести́на *f*

palm /paːm, pɑm/ • *n* доло́ня *f*, доло́нь *f*

Panama • *n* Пана́ма *f*, Панама́ *f*

panda /ˈpændə, ˈpændə/ • *n* па́нда *f*

panic /ˈpænɪk/ • n па́ніка f • v панікува́ти

pants /pænts/ • n штани́; труси́

paper /ˈpeɪpə, ˈpeɪpər/ • adj папе́ровий • n папір m; докуме́нт m

parable /ˈpaɪəbəl, ˈpæɪ.ə.bəl/ • n при́тча f

parachute /ˈpæɪəʃuːt/ • n парашу́т m

parade /pəˈɪeɪd/ • n пара́д m

paragraph /ˈpɛɪəgɪæf, ˈpæɪəgɪɑːf/ • n пара́граф m, абза́ц m

Paraguay • n Парагва́й m

parallel /ˈpæɪəˌlɛl, ˈpæɪə lɛl/ • adj парале́льний

parameter /pəˈɪæm.ɪ.tə/ • n пара́метр m

parent /ˈpɛɪɪənt/ • n роди́тель m, ба́тько m, батьки́

parenthesis /pəˈɪɛnθəsɪs/ • n (pl parentheses) ду́жка f

Paris • n Пари́ж m; Парі́с m

parish /ˈpæɪɪʃ/ • n пара́фія f, паро́хія f

park /pɑɪk/ • n парк m ~ing • n паркува́ння n, парко́вка f; стоя́нка f, па́ркінг m

parliament /ˈpɑːləmənt, ˈpɑɪləmənt/ • n парла́мент m

parrot /ˈpæɪət/ • n папу́га f • v наслі́дувати, мавпува́ти

part /pɑɪt, pɑɪt/ • n части́на f ~ial • adj частко́вий; упере́джений

participa|te /pɑːˈtɪsɪpeɪt/ • v бра́ти у́часть, взя́ти у́часть ~nt • n уча́сник, уча́сниця ~tion • n у́часть f (účast')

particle /ˈpɑːtɪk(ə)l, ˈpɑɪtɪkəl/ • n части́нка f, ча́стка f, части́ця f

particular /pəˈtɪkjələ, pəˈtɪkjələɪ/ • adj специфі́чний, особли́вий; спеціа́льний ~ly • adv особли́во

partner /ˈpɑːtnə(ɪ), ˈpɑɪtnəɪ/ • n партне́р m, партне́рка f, компаньйо́н m ~ship • n партне́рство n; товари́ство n

party /ˈpɑː.ti, ˈpɑɪ.ti/ • n вечі́рка f

pass /pɑːs, pæs/ • n перева́л m • v проходити, передава́ти; вмира́ти; промина́ти, мина́ти; переходити

passenger /ˈpæsəndʒəɪ, ˈpæsəndʒə/ • n пасажи́р m, пасажи́рка f

passion /ˈpæʃən/ • n страсть f, при́страсть f; запа́л m

passive /ˈpæs.ɪv/ • adj паси́вний

passport /ˈpɑːspɔːt, ˈpæspɔɪt/ • n па́спорт m

password /ˈpæswɜːɪd, ˈpɑːwɜː(ɪ)d/ • n паро́ль m

past /pɑːst, pæst/ • adj мину́лий • n мину́ле n

pasta /ˈpæstə, ˈpɑːstə/ • n макаро́нні ви́роби

pastor /ˈpɑːstə, ˈpæstəɪ/ • n па́стор m

patch /pætʃ/ • n ла́тка f (látka), ла́та f (láta)

path /pɑːθ, pæθ/ • n сте́жка f, стежи́на f, стежи́нка f

patien|t /ˈpeɪʃ(ə)nt, ˈpeɪʃənt/ • adj терпля́чий, терпели́вий • n паціє́нт, хво́рий ~ce • n терпíння n, терплячість f, терпели́вість f; пасья́нс m

pay /peɪ/ ● v (*sp* paid, *pp* paid) плати́ти, заплати́ти **~ment** ● n платíж m, пла́та f

PC (*abbr*) ▷ COMPUTER

pea /piː/ ● n горóх m, горóшок m

peace /piːs/ ● n спокíй m, мир m

peacock /ˈpiːkɑk, ˈpiːkɒk/ ● n павíч m

peanut /ˈpiːnʌt, ˈpiːnət/ ● n арáхіс m

peasant /ˈpɛzənt/ ● n селяни́н m, селя́нка f

pedestrian /pəˈdɛst.ɹi.ən/ ● n пішохíд m, пíший m

peel /piːl/ ● n лопáта f ● v обчищáти, чи́стити, оббирáти, обібрáти

pelican /ˈpɛl.ɪ.kən/ ● n пелікáн m

pen /pɛn, pɪn/ ● n загíн m; рýчка f, перó n

pencil /ˈpɛnsəl, ˈpɛnsɪl/ ● n олівéць m **~ case** ● n пенáл m

penguin /ˈpɛŋɡwɪn, ˈpɪŋɡwɪn/ ● n пінгвíн m

penis /ˈpiːnɪs, ˈpɪnɪs/ ● n пéніс m, статéвий член m, хуй m

penned (*sp/pp*) ▷ PEN

pent (*sp/pp*) ▷ PEN

people /ˈpiːpəl, ˈpipəl/ ● n лю́ди; нарóд m, нáція f

pepper /ˈpɛpə, ˈpɛpɚ/ ● n пéрець m

per /pɜː(ɹ), pɹ̩/ ● *prep* на; в, за

percent /pəˈsɛnt, pɹ̩ˈsɛnt/ ● n відсóток m, процéнт m

perch /pɜːtʃ, pɹ̩tʃ/ ● n окунь m (óкунь')

perfect /ˈpɜː.fɪkt, ˈpɹ̩fɪkt/ ● *adj* ідеáльний, довершéний; доскóналий ● v удоскона́лювати **~ly** ● *adv* бездогáнно; цілкóм, цілкови́то, абсолю́тно

perform /pəˈfɔːm, pɹ̩ˈfɔɹm/ ● v виконувати

perhaps /pəˈhæps, pɹ̩ˈhæps/ ● *adv* мáбуть, мóже бýти, можли́во, мóже, пéвно

period /ˈpɪəɹɪəd/ ● n перíод m; крáпка f **~ic table** ● n періоди́чна систéма елемéнтів f, періоди́чна табли́ця f, табли́ця Менделєєва f

permanent /ˈpɜːmənənt, ˈpɜːmənənt/ ● *adj* постíйний, стáлий

permi|t /pəˈmɪt, pɹ̩ˈmɪt/ ● v дозволя́ти, дозвóлити **~ssion** ● n дóзвіл m, дозволя́ння n

perseverance /ˌpɜːsɪsəˈvɪəɹəns/ ● n завзя́ття n, настíйність f, настíйливість f, стíйкість f

Persia ● n Пéрсія f **~n** ● *adj* пéрський ● n перси́дська мóва f, фарсí m

person /ˈpɜːsən, ˈpɹ̩sən/ ● n (*pl* people) осóба f, персóна f, люди́на f, чоловíк m **~al** ● *adj* особóвий

perspective /pəˈspɛktɪv/ ● n перспекти́ва, огля́д, рáкурс; проéкція

Peru ● n Перý n

pet /pɛt/ ● n твари́на-вихова́нець f, вихова́нець m,

P

твари́на-компаньйо́н *f*,
пито́мець *m*, улю́бленець *m*,
дома́шня твари́на *f*,
сві́йська твари́на *f*

phase /feɪz/ • *n* фа́за *f*

pheasant /ˈfɛzənt/ • *n* фаза́н *m*

phenomenon /fɪˈnɒmənɒn,
fɪˈnɑmənɑn/ • *n* (*pl*
phenomena) з'я́влення *n*,
я́влення *n*, фено́мен *m*

Philippines • *n* Філіппі́ни

philosoph|y /fɪˈlɒsəfi, fɪˈlɑsəfi/ • *n*
філосо́фія *f* **~er** • *n* філо́соф
m

phone /fəʊn, foʊn/ • *v*
дзвони́ти, подзвони́ти

photo ▷ PHOTOGRAPH

photograph /ˈfəʊtəˌɡrɑːf,
ˈfoʊtəˌɡræf/ • *n* фотогра́фія *f*,
фотозні́мок *m*, зні́мок *m*,
фо́то *n*, фо́тка *f* • *v*
фотографува́ти,
сфотографува́ти, зніма́ти,
зня́ти **~er** • *n* фото́граф *m*
~y • *n* фотогра́фія *f*

phrase /freɪz/ • *n* фра́за *f*,
ви́слів *m*, ре́чення *n*

physician /fɪˈzɪʃən/ • *n* лі́кар *m*,
до́ктор *m*

physic|s /ˈfɪzɪks/ • *n* фі́зика *f*
~ist • *n* фі́зик *m*

piano /piˈænoʊ, piˈænəʊ/ • *n*
фортепіа́но *n*

pick /pɪk/ • *n* кайло́; ви́бір • *v*
вибира́ти

picture /ˈpɪktʃə, ˈpɪk(t)ʃər/ • *n*
карти́на *f*

pie /paɪ/ • *n* пиріг *m*

piece /piːs/ • *n* шмато́к *m*,
ка́валок *m*, части́на *f*, кусо́к

m, шмат *m*; шту́ка *f*; фігу́ра *f*,
фі́шка *f*

pig /pɪɡ/ • *n* свиня́ *f*

pigeon /ˈpɪdʒɪn, ˈpɪdʒən/ • *n*
го́луб *m*

pike /paɪk/ • *n* щука *f*

pill /pɪl/ • *n* пігу́лка *f*, пілю́ля *f*,
табле́тка *f*

pillow /ˈpɪləʊ/ • *n* поду́шка *f*

pilot /ˈpaɪlət/ • *n* льо́тчик *m*,
льо́тчиця *f*, піло́т *m*

pin /pɪn/ • *n* була́вка *f*,
шпи́лька *f*

pine /paɪn/ • *n* сосна́ *f*

pink /pɪŋk/ • *adj* роже́вий

pioneer /ˌpaɪəˈnɪər/ • *n*
першопрохо́дець *m*,
першовідкрива́ч *m*, піоне́р
m; піоне́рка *f*

pipe /paɪp/ • *n* труба́ *f*

piranha /pɪˈrɑːnjə, pɪˈrɑnjə/ • *n*
піра́нья *f*

pira|te /ˈpaɪ(ə)rɪt/ • *n* піра́т *m*
~cy • *n* піра́тство *n* (*piratstvo*)

pistol /ˈpɪstəl/ • *n* пістоле́т *m*

pit /pɪt/ • *n* я́ма *f*

pit|y /ˈpɪti/ • *n* жаль *m*, жа́лість
f **~iful** • *adv* жа́лісний

pizza /ˈpiːtsə, ˈpitsə/ • *n* пі́ца *f*

place /pleɪs/ • *n* мі́сце *n*; пло́ща
f, майда́н *m*

plague /pleɪɡ/ • *n* чума́, джу́ма
f; мір *m*, мертвя́чка *f*

plain /pleɪn/ • *n* рівни́на *f*

plan /plæn/ • *n* план *m*

plane /pleɪn/ • *n* руба́нок *m*,
ге́мбель *m*; літа́к; чина́р *m* •
v струга́ти руба́нком,
гемблюва́ти, гембелюва́ти

planet /ˈplænɪt, ˈplænət/ • *n*
плане́та *f*; планета *f*

plant /plɑːnt, plænt/ • *n* росли́на *f*

plastic /ˈplɑːstɪk, ˈplæstɪk/ • *n* пластма́са *f*, пла́стик *m*

plate /pleɪt/ • *n* тарі́лка *f*, ми́ска *f*

platform /ˈplætfɔːm, ˈplætfɔːrm/ • *n* платфо́рма *f*; перо́н *m*

platypus /ˈplætɪpəs, ˈplætɪˌpʊs/ • *n* качкодзьо́б *m*

play /pleɪ/ • *n* гра *f*; п'є́са *f*, спекта́кль *m* • *v* гра́ти, гра́тися, ба́витися ~**er** • *n* пле́єр *m*, програва́ч *m*

pleas|e /pliːz, pliz/ • *adv* будь ла́ска, прошу́ ~**ant** • *adj* приє́мний ~**ure** • *n* задово́лення *n*, приє́мність *f*; утіха *f*, втіха, розра́да

plenty /ˈplɛnti/ • *adv* бага́то, доста́тньо • *n* доста́ток *m*

plot /plɒt, plɑt/ • *n* сюже́т *m*, фа́була *f*

plug /plʌg/ • *n* штéпсель *m*, штéкер *m*, ви́лка *f*

pocket /ˈpɑːkɪt, ˈpʊkɪt/ • *n* кишéня *f*

poem /ˈpəʊɪm, ˈpoʊəm/ • *n* вірш *m*, поéма *f*

poet /ˈpəʊɪt, ˈpoʊət/ • *n* поéт *m* ~**ry** • *n* поéзія

point /pɔɪnt/ • *v* пока́зувати, показа́ти, вка́зувати, ука́зувати, вказа́ти, указа́ти

poison /ˈpɔɪz(ə)n/ • *n* отру́та *f*, яд *m* • *v* отру́ювати, труїти, отруїти ~**ing** • *n* отру́єння *f* ~**ous** • *adj* отру́йний

poker /ˈpəʊkə, ˈpoʊkə/ • *n* кочерга́ *f*, коцюба́ *f*; по́кер *m*

Pol|and • *n* По́льща *f* ~**ish** • *adj* по́льський • *n* по́льська мо́ва *f*, по́льська *f*

pole /pəʊl, poʊl/ • *n* по́люс *m*

police /p(ə)ˈliːs, ˈpliːs/ • *n* поліція *f*, міліція *f* ~**man** • *n* поліція́нт *m*, поліцéйський *m*, міліціонéр *m*

policy /ˈpɒləsi, ˈpɑləsi/ • *n* полі́тика *f*

polite /pəˈlaɪt/ • *adj* ввíчливий, чéмний

politic|s /ˈpɒl.ɪ.tɪks, ˈpɑl.ɪ.tɪks/ • *v* полі́тика *f* ~**ian** • *n* полі́тик *m*

pond /pɒnd, pɑnd/ • *n* став *m*

pony /ˈpəʊni, ˈpoʊni/ • *n* по́ні *m*

pool /pul, puːl/ • *n* калю́жа *f*

poor /pɔː, pʊə(r)/ • *adj* бі́дний; пога́ний; жалюгі́дний

poppy /ˈpɒpi, ˈpɑpi/ • *n* мак *m* (*mak*)

populat|e /ˈpɒp.jʊˌleɪt, ˈpɑp.jəˌleɪt/ • *v* заселя́ти, населя́ти; запо́внювати ~**ion** • *n* насéлення *n*

porch /pɔːtʃ, pɔːrtʃ/ • *n* ґа́нок *m*

porcupine /ˈpɔː(r)kjʊˌpaɪn/ • *n* дикобра́з *m*

pork /pɔːk, pɔːrk/ • *n* свини́на *f*

port /pɔːt, pɔːrt/ • *n* порт *m*, га́вань *f*

portrait /ˈpɔːtrɪt, ˈpɔːrtrət/ • *n* портрéт *m*

Portug|al • *n* Португа́лія *f* ~**uese** • *adj* португа́льський • *n* португа́льська *f*

position /pəˈzɪʃ(ə)n/ • *n* поло́ження *n*, стано́вище *n*, пози́ція *f*; поса́да *f*

P

positive /ˈpɒzɪtɪv, ˈpɑzɪtɪv/ • *adj*
дода́тний, позити́вний

possessive /pəˈzɛsɪv/ • *adj*
присві́йний

possib|le /ˈpɒsɪbḷ, ˈpɑsəbḷ/ • *adj*
можли́вий **~ility** • *n*
можли́вість *f*

post /pəʊst, poʊst/ • *n* стовп *m*
(stovp); пост *m*

poster /ˈpoʊstər/ • *n* афі́ша *f*;
плака́т *m*

pot /pɒt, pɑt/ • *n* го́рщик *m*,
кастру́ля *f*, ро́ндель *m*

potato /pəˈteɪtəʊ, pəˈteɪtoʊ/ • *n (pl*
potatoes) карто́пля *f*, бу́льба
f, барабо́ля *f*

pound /paʊnd/ • *n* фунт *m* • *v*
товкти́

pour /pɔː, pɔɹ/ • *v* лити *m (lýty)*,
налива́ти *(nalyváty)*, налити
(nalýty)

poverty /ˈpɒvəti, ˈpɑːvəti/ • *n*
бідно́та *f*

powder /ˈpaʊˌdə(ɹ)/ • *n* порошо́к
m; пу́дра *f*

power /ˈpaʊə(ɹ), paə/ • *n* вла́да
f; еле́ктрика *f*, ене́ргія *f*,
струм *m* **~ful** • *adj* могу́тній,
мі́цний

practice /ˈpɹæktɪs/ • *n* пра́ктика
f

praise /pɹeɪz/ • *n* похвала́ *f* • *v*
хвали́ти

pray /pɹeɪ/ • *v* моли́тися,
помоли́тися

prayer /pɹɛə(ɹ), pɹɛə/ • *n*
моли́тва *f*

preacher • *n* проповідник *m*

precedence /ˈpɹɛsɪd(ə)ns/ • *n*
передува́ння, старшинство

precious /ˈpɹɛʃəs/ • *adj*
дорогоці́нний, кошто́вний,
дороги́й

precise /pɹɪˈsaɪs/ • *adj* то́чний,
докла́дний

predator /ˈpɹɛ.də.təɹ/ • *n* хижа́к
m

predict /pɹɪˈdɪkt/ • *v*
передбачувати,
передбачити **~able** • *adj*
передба́чуваний **~ion** • *n*
передбачення *n*

prefer /pɹɪˈfɜ, pɹɪˈfɜː/ • *v*
віддава́ти перевага **~ence** •
n перева́га *f*, ви́бір *m*

prefix /ˈpɹiːfɪks/ • *n* пре́фікс *m*

pregnan|t /ˈpɹɛɡnənt/ • *adj*
вагі́тний *f* **~cy** • *n* вагі́тність
f

prepare /pɹɪˈpɛə, pɹɪˈpeɹ/ • *v*
готува́ти, підготува́ти,
приготува́ти

prescri|be /pɹɪˈskɹaɪb, ˈpɹiːˌskɹaɪb/
• *v* признача́ти;
припи́сувати **~ption** • *n*
реце́пт *m*

presen|t /ˈpɹɛzənt, pɹɪˈzɛnt/ • *adj*
пото́чний, тепе́рішній;
прису́тній • *n* спра́вжнє *n*,
тепе́рішній час *m* • *v*
представля́ти, явля́ти
собо́ю; дарува́ти **~ce** • *n*
прису́тність, ная́вність
~tation • *n* презентація *f*

preserve /pɹəˈzɜːv, pɹəˈzɜ̃v/ • *n*
варе́ння; запові́дник • *v*
захища́ти, оберіга́ти,
охороня́ти; зберіга́ти,
зберегти́

president /ˈpɹɛzɪdənt/ • *n*
президе́нт *m*; голова́ *m*

press /pɹɛs/ ● *n* прес *m*; преса *f*, друк *m*; друкарський верстат *m* ~**ure** ● *n* тиск

prestigious /pɹɛˈstɪdʒ.əs/ ● *adj* престижний

presume /pɹɪˈzjuːm, pɹɪˈz(j)um/ ● *v* припускати

pretend /pɹɪˈtɛnd/ ● *v* удавати *(udaváty)*, вдавати *(vdaváty)*

pretty /ˈpɹɪti, ˈpɹ̩ti/ ● *adj* гарний *m (hárnyj)*

previous /ˈpɹiviəs, ˈpɹiːviəs/ ● *adj* попередній, минулий

prey /pɹeɪ/ ● *n* здобіча *f*, добуток *m*; здобич *f*, добич *f*, спожива *f*, пожива *f*

price /pɹaɪs, pɹʌɪs/ ● *n* ціна *f*, кошт *m* ~**less** ● *adj* безцінний

prick /pɹɪk/ ● *n* хуй *m (xuj)*, пісюн *m (pisjún)*, прутень *m (prúten')*

pride /pɹaɪd/ ● *n* гординя *f*, гонор *m*, пиха *f*, чванство *n*, фудулія *f*; гордість *f*

priest /pɹiːst/ ● *n* священик *m*, ксьондз *m*, отець *m*, піп *m*, ієрей *m*, жрець *m*

primarily /pɹaɪˈmɛɹəli/ ● *adv* переважно, головно

prince /pɹɪns, pɹɪnts/ ● *n* князь *m*, принц *m*; царевич *m*, королевич *m* ~**ss** ● *n* принцеса *f*, царівна *f*, королівна *f*

principal /ˈpɹɪnsɪpəl, ˈpɹɪnsɪpəl/ ● *adj* головний, основний ● *n* директор *m*; довіритель *m*

principle /ˈpɹɪnsɪpəl/ ● *n* принцип *m*

print /pɹɪnt/ ● *v* друкувати, надрукувати ~**er** ● *n* принтер *m* ~**ing** ● *n* друкування *n*, друк *m*, друкарство *n* ~**ing house** ● *n* друкарня *f*

prison /ˈpɹɪzən/ ● *n* в'язниця *f*, тюрма *f*, темниця *f*, острог *m* ~**er** ● *n* в'язень *m*, арештант *m*

priva|te /ˈpɹaɪvɪt/ ● *adj* приватний ~**cy** ● *n* самота *f*, самотина *f*

privilege /ˈpɹɪv(ɪ)lɪdʒ/ ● *n* привілей *m*, вільгота *f*, пільга *f*

probab|le /ˈpɹɑbəbl, ˈpɹɒbəbl/ ● *adj* правдоподібний, імовірний ~**ility** ● *n* імовірність *f*, правдоподібність *f* ~**ly** ● *adv* певно *(pévno)*, імовірно

problem /ˈpɹɑbləm, ˈpɹɒbləm/ ● *n* проблема *f*

procedure /pɹəˈsiːdʒə, pɹəˈsiːdʒɚ/ ● *n* процедура *f*

proceed /pɹəˈsiːd/ ● *v* продовжувати, діяти; відбуватися

process /ˈpɹəʊsɛs, ˈpɹɑˌsɛs/ ● *n* процес *m* ~**or** ● *n* процесор *m*

product /ˈpɹɑd.əkt, ˈpɹɑd.əkt/ ● *n* продукт *m*; добуток *m*

profession /pɹəˈfɛʃən/ ● *n* професія *f*, фах *m* ~**al** ● *adj* професійний

professor /pɹəˈfɛsə, pɹəˈfɛsɚ/ ● *n* професор *m*

profile /ˈpɹəʊfaɪl, ˈpɹoʊfaɪl/ ● *n* профіль *m*; профіль *m*

profit /ˈprɒfɪt, ˈprɑfɪt/ • *n*
прибу́ток *m*, ви́года *f*,
кори́сть *f* **~able** • *adj*
ви́гідний, дохі́дний,
прибутко́вий

program /ˈprəʊɡræm, ˈproʊˌɡræm/
• *n* програ́ма *f*; переда́ча *f*

programme (*British*) ▷ PROGRAM

progress /ˈprəʊɡrɛs, ˈprɑɡrəs/ • *n*
прогре́с *m*

prohibit /prəˈhɪbɪt, proʊˈhɪbɪt/ • *v*
заборона́ти, забороня́ти
~ion • *n* заборо́на *f*

project /ˈprɒdʒɛkt, ˈprɑdʒˌɛkt/ • *n*
прое́кт *m* • *v* виставати,
виступа́ти **~ion** • *n* ви́ступ *m*

promis|e /ˈprɒmɪs, ˈprɑmɪs/ • *n*
обіця́нка *f* • *v* обіця́ти **~ing**
• *adj* багатообіця́ючий,
багатообіця́льний

promote /prəˈməʊt, prəˈmoʊt/ • *v*
підви́щити; просу́нути,
спри́яти

pronoun /ˈprəʊnaʊn, ˈproʊˌnaʊn/ • *n* займе́нник *m*

pron|ounce /prəˈnaʊns/ • *v*
вимовля́ти, ви́мовити
~unciation • *n* вимо́ва *f*,
вимовля́ння *n*

proof /pruːf, pruf/ • *n* до́каз *m*,
до́від *m*

propaganda /ˌprɒpəˈɡændə/ • *n*
пропага́нда *f*

proper /ˈprɒpə, ˈprɑpə/ • *adj*
підходя́щий, нале́жний;
пра́вильний **~ly** • *adv*
нале́жно, пра́вильно

property /ˈprɒpət.i, ˈprɑpəˌt.i/ • *n*
вла́сність *f*, майно́ *n*;
нерухо́мість *f*; вла́сність *f*;

власти́вість *f*, я́кість *f*;
власти́вість *f*; реквізит *m*

propos|al /prəˈpəʊzəl, prəˈpoʊzəl/
• *n* пропози́ція *f* **~ition** • *n*
пропози́ція *f*

prosecutor /ˈprɒsəˌkjuːtə/ • *n*
прокуро́р *m*

protect /prəˈtɛkt/ • *v* захища́ти,
захисти́ти **~ion** • *n* захист *f*,
охоро́на *f*, заступни́цтво,
оборо́на *f*, протекціоні́зм *f*,
прикриття́ *f*, забезпе́ка *f*,
засло́на *f*, заступа *f*, оберега́
f

protest /ˈprəʊtɛst, ˈproʊtɛst/ • *n*
проте́ст *m*

proud /praʊd/ • *adj* го́рдий

prove /pruːv/ • *v* (*sp* proved, *pp*
proven) дово́дити

proved (*sp/pp*) ▷ PROVE

proven (*pp*) ▷ PROVE

provide /prəˈvaɪd/ • *v*
забезпе́чувати, надава́ти

province /ˈprɒvɪns, ˈprɑvɪns/ • *n*
о́бласть *f*, прові́нція *f*

psychiatry /saɪˈkaɪ.əˌt.ri/ • *n*
психіатрі́я

psychology /saɪˈkɑlədʒi, saɪˈkɒlədʒɪ/ • *n* психологі́я *f*

pub /pʌb, pʊb/ • *n* кна́йпа *f*, бар
m, пивна́ *f*, пивни́ця *f*, паб *m*,
тракти́р *m*, корчма́ *f*, ши́нок
m

public /ˈpʌblɪk/ • *adj*
грома́дський; публі́чний • *n*
грома́дськість *f*, пу́бліка *f*

publish /ˈpʌblɪʃ/ • *v*
публікува́ти; видавати
(*vydaváty*)

pull /pʊl/ • *v* тяга́ти, потяга́ти,
тягти́, потягти́, тягну́ти,

потягну́ти, витя́гувати,
витяга́ти
pump /pʌmp/ • *n* насо́с *m*,
по́мпа *f*
pumpkin /ˈpʌmpkɪn/ • *n* гарбу́з
m
punch /pʌntʃ/ • *n* уда́р *m*
punctual /ˈpʌŋktjʊəl, ˈpʌŋktʃʊəl/ •
adj пунктуа́льний
punctuation /pʌŋk.tʃuˈeɪ.ʃən/ • *n*
пунктуа́ція *f*
punish /ˈpʌnɪʃ/ • *v* кара́ти,
покара́ти, нака́зувати,
наказа́ти **~ment** • *n*
покара́ння *n*, ка́ра *f*
pupil /ˈpjuːpəl/ • *n* у́чень *m*,
учени́ця *f*; зіни́ця *f*
purchase /ˈpɜtʃəs, ˈpɜːtʃəs/ • *n*
купі́вля *f*, купува́ння *n* **~** • *n*
купі́вля *f*, купува́ння *n*
pure /ˈpjʊə, ˈpjʊɪ/ • *adj* чи́стий
purple /ˈpɜː(ɪ).pəl, ˈpɜʳpəl/ • *adj*
фіоле́товий • *n* фіоле́товий
m
purpose /ˈpɜpəs, ˈpɜːpəs/ • *n* ціль,
мета́ *f*; на́мір **on ~** • *phr*
навми́сне, наро́ком
purr /pɜː(ɪ)/ • *v* муркота́ти,
мурконі́ти, воркота́ти,
воркоті́ти
purse /pɜːs, pɜs/ • *n* гамане́ць *m*
pursuit /pɜʳsjuːt, pɜʳsuːt/ • *n*
пересліду́вання *n*, здогі́н *m*,
пого́ня *f*, гони́тва *f*
push /pʊʃ/ • *v* штовха́ти
put /pʊt/ • *v* кла́сти **~ sth off** •
v відклада́ти **~ sth on** • *v*
надіва́ти, надяга́ти, наді́ти
puzzle /ˈpʌzəl/ • *n* зага́дка *f*;
головоло́мка *f*, пазл *m*;
зага́дка *f (zahádka)*

python /ˈpaɪθən, ˈpaɪθɑːn/ • *n*
піто́н *m*

Qatar • *n* Ката́р *m*
qualification /kwɒlɪfɪˈkeɪʃn/ • *n*
кваліфіка́ція *f*
quality /ˈkwɒlɪti, ˈkwælɪti/ • *adj*
я́кісний • *n* я́кість *f*;
наді́йність *f*
quantity /ˈkwɒn.tɪ.ti, ˈkwɑn(t)iti/
• *n* кі́лькість *f*
quarrel /ˈkwɒɪəl, ˈkwɔɪəl/ • *n*
сва́рка *f*; болт *m* • *v*
сва́ритися
quarter /ˈkwɔːtə, ˈk(w)ɔɪ.tər/ • *n*
чверть *f*; кварта́л; кварта́л
queen /kwiːn/ • *n* короле́ва *f*,
цари́ця *f*; ферзь *m*; да́ма *f*
query /ˈkwɪə.ɪi, ˈkwɪ.ɪi/ • *n* за́пит
m
question /ˈkwɛstʃən/ • *n*
пита́ння *n* • *v* допи́тувати,
допита́ти **~naire** • *n* анке́та
f, запита́льник *m* **~ mark** • *n*
знак пита́ння *m*, пита́льний
знак *m*
queue /kjuː, kju/ • *n* че́рга *f*
quick /kwɪk/ • *adj* швидки́й;
ско́рий **~ly** • *adv* шви́дко
quiet /ˈkwaɪɪt, ˈkwaɪ.ət/ • *adj*
ти́хий; споко́йний **~ly** • *adv*
ти́хо
quite /kwaɪt/ • *adv* цілко́м;
по́вністю, зо́всім; до́сить,
дово́лі

P
Q

quiz /kwɪz/ • *n* (*pl* quizzes) вікторина • *v* опитування

quot|e /kwəʊt/ • *n* цитата *f*; лапки **~ation** • *n* цитата *f*

R

rabbi /ˈræˌbaɪ/ • *n* рабин *m*, равин *m*, рабі *m*, ребе *m*

rabbit /ˈræbɪt, ˈræbət/ • *n* кріль *m*, кролик *m*

race /ˌreɪs/ • *n* раса *f*

racism /ˈreɪsɪzm/ • *n* расизм *m*

radio /ˈreɪdɪˌəʊ, ˈreɪdɪˌəʊ/ • *n* радіо *n* **~active** • *adj* радіоактивний (*radioaktývnyj*) **~activity** • *n* радіоактивність *f*; радіоактивність *f*

radius /ˈreɪ.dɪ.əs/ • *n* (*pl* radii) променева кістка *f*; радіус *m*

raid /ˌreɪd/ • *n* рейд *m*, наліт *m*

rail /ˌreɪl/ • *n* рейка *f* **~way** • *n* залізниця *f*, колія *f*

rain /ˌreɪn/ • *n* дощ *m* **~y** • *adj* дощовий (*doščovýj*)

raise /ˌreɪz/ • *n* прибавка *f* • *v* піднімати, підвищувати; вирощувати

rally /ˈræ.li/ • *n* мітинг *m*

ran (*sp*) ▷ RUN

rang (*sp*) ▷ RING

rap|e /ˌreɪp/ • *n* згвалтування *n*, зґвалтування *n* • *v* гвалтувати, згвалтувати, ґвалтувати, зґвалтувати **~ist** • *n* насильник *m*, ґвалтівник *m*

rare /ˌrɛə, ˌrɛəɪ/ • *adj* рідкий, рідкісний

rat /ˌræt/ • *n* пацюк *m*, щур *m*

rather /ˈrɑːðə, ˌrɑːˈðː(ɪ)/ • *adv* радше, скоріше, краще, швидше; достатньо, досить

raven /ˈreɪvən/ • *n* ворон *m*, крук *m*

raw /ˌrɔː, ˌrɔ/ • *adj* сирий

ray /ˌreɪ/ • *n* промінь *m*; скат *m*

reach /ˌriːtʃ/ • *v* діставати; досягати; доходити, дійти, доїжджати, доїхати

reaction /ˌrɪˈækʃən/ • *n* реакція *f* (*reákcija*)

read /ˌrɪd, ˌriːd/ • *v* (*sp* read, *pp* read) читати, прочитати **~er** • *n* читач *m*, читачка *f* **~ing** • *n* читання *n*

ready /ˈredɪ/ • *adj* готовий

real /ˈriːəl/ • *adj* справжній, дійсний, істинний, реальний **~ly** • *adv* дійсно • *interj* дійсно?, справді?; дійсно, справді; насправді **~ity** • *n* реальність *f*, дійсність *f*

realistic /ˌriːjəˈlɪstɪk/ • *adj* реалістичний

realize /ˌriː.əˌlaɪz, ˈɪəˌlaɪz/ • *v* реалізувати, здійснювати; усвідомлювати, розуміти, збагнути, уторопати

realm /ˌrelm/ • *n* область, сфера; королівство, царство

reason /ˌriːzən/ • *n* причина *f*; розум *m*

reassure /ˌɹiːəˈʃʊə(ɹ), ˌɹiːəˈʃʊ̯ɹ/ • v завіря́ти, заспоко́ювати

rebel /ˈɹɛbəl/ • n бунтівни́к m, повста́нець m, бунта́р m **~lion** • n повста́ння n, бунт m; непоко́ра f

recall /ɹɪˈkɔːl, ɹɪˈkɔl/ • v відклика́ти; зга́дувати

receipt /ɹɪˈsiːt/ • n квита́нція f, розпи́ска f

receive /ɹɪˈsiːv/ • v отри́мувати, отри́мати; прийма́ти **~r** • n слу́хавка f

recent /ˈɹiːsənt/ • adj оста́нній, неда́вній **~ly** • adv недавно (nadávno), оста́ннім часом

reception /ɹɪˈsɛpʃn̩/ • n прийма́льня f, реєстрату́ра f

recipe /ˈɹɛsɹpi/ • n реце́пт m (recépt)

record /ˈɹɛkɔːd, ˈɹɛkəd/ • n пласти́нка f, диск m, грампласти́нка f; реко́рд m **~ing** • n за́пис m

recount • v розповісти́, розповіда́ти

recycle /ɹəˈsaɪkəl/ • v переробля́ти

red /ɹɛd/ • adj черво́ний; руди́й; червоний

reduce /ɹɪˈdjuːs, ɹɪˈduːs/ • v зме́ншувати, зни́жувати

refer /ɹɪˈfɜː, ɹɪˈfɜ/ • v посила́тися

referee /ˌɹɛf.əˈɹiː, ˌɹɛfəˈɹiː/ • n суддя́ m, рефері́ m, арбітр m

referendum /ˌɹɛfəˈɹɛndəm/ • n (pl referenda) референ́дум m

reflect /ɹɪˈflɛkt/ • v відбива́ти, відбива́тися; відобра́жати; розду́мувати

reform /ɹiːˈfɔːm/ • n рефо́рма f

refrigerator /ɹɪˈfɹɪdʒəˌɹeɪtə, ˌɹeɪɹˈdʒə/eɪɾɚ/ • n холоди́льник m

refuge /ˈɹɛfjuːdʒ/ • n приту́лок m **~e** • n біженець m

refuse /ˈɹɛfjuːs/ • n відхо́ди, сміття́ m • v відмовля́ти; відмовля́тися

regime /ɹəˈʒiːm/ • n режи́м m, лад m

region /ˈɹiːdʒn̩/ • n райо́н m, регіо́н m, о́бласть f, край m

registration • n реєстра́ція f

regret /ɹɪˈɡɹɛt/ • n жаль m • v жалкува́ти, шкодува́ти

regular /ˈɹɛɡjələ, ˈɹɛɡjələɹ/ • adj регуля́рний; пра́вильний; постій́ний, системати́чний; чергови́й; звича́йний, норма́льний **~ly** • adv регуля́рно

reindeer /ˈɹeɪndɪə, ˈɹeɪndɪɹ/ • n півні́чний оле́нь m

relati|onship /ɹɪˈleɪʃ(ə)nʃɹp, ɹɪˈleɪʃən/ʃɹp/ • n відно́сини, взаємовідно́сини; спорі́дненість **~e** • adj відно́сний, зв'я́заний • n ро́дич m, рода́к m, ро́дичка f, рода́чка f

relax /ɹɪˈlæks/ • v заспоко́юватись; розслабля́тися, розсла́битися; послабля́ти

relevant /ˈɹɛləvənt/ • adj відпові́дний

reliab|le /ɹɪˈlaɹəbəl/ • adj наді́йний **~ility** • n наді́йність f; то́чність f, докла́дність f

R

relief /rɪˈliːf/ • *n* полегшення *n*; барельеф *m*, рельеф *m*

religion /rɪˈlɪdʒən/ • *n* релігія *f*

reluctant /rɪˈlʌktənt/ • *adj* неохочий

rely /rɪˈlaɪ/ • *v* покладатися, розраховувати

remain /rɪˈmeɪn/ • *v* залишатися, залишитися, зоставатися, зостатися ~**der** • *n* залишок *m*, решта *f*; різниця *f*; рештки

remarkable /rɪˈmɑːkəbḷ, rɪˈmɑːkəbḷ/ • *adj* видатний

remember /rɪˈmɛmbə, ˈmɛmbə/ • *v* пам'ятати

remind /rɪəˈmaɪnd/ • *v* нагадувати

remote /rɪˈməʊt, rɪˈmoʊt/ • *adj* далекий *(daljékyj)*

remove /rɪˈmuːv/ • *v* відносити, віднести

rent /rɛnt/ • *n* оренда, картирна плата; прокат, рента • *v* знімати, винаймати; здавати; давати напрокат

repair /rɪˈpɛə, rɪˈpɛɚ/ • *n* ремонт *m*, направа *f* • *v* ремонтувати

repeat /rɪˈpiːt/ • *v* повторювати ~**ed** • *adj* повторний

reply /rɪˈplaɪ/ • *v* розповідати *(rozpovidáty)*, розповісти *(rozpovísty)*

report /rɪˈpɔːt, rɪˈpɔːt/ • *n* звіт *m*, доповідь *f*, повідомлення *n*, рапорт *m* ~**er** • *n* репортер *m*, кореспондент *m*, журналіст *m*

represent /rɛp.rɪˈzɛnt/ • *v* представляти; зображувати ~**ative** • *n* представник *m*, представниця *f*; представник *m*, представниця *f*

republic /rɪˈpʌblɪk/ • *n* республіка *f*

Republican /rɪˈpʌblɪkən/ • *n* республіканець *m*, республіканка *f*

request /rɪˈkwɛst/ • *n* просьба *f*, запит *m*, заявка *f*, прохання *n*, вимога *f*

require /rɪˈkwaɪə, rɪˈkwaɪɚ/ • *v* вимагати; потребувати

rescue /ˈrɛs.kjuː/ • *n* порятунок *m (porjatúnok)* • *v* рятувати *(rjatuváty)*

research /rɪˈsɜːtʃ, ˈriː.sɚtʃ/ • *n* дослідження *n* • *v* досліджувати ~**er** • *n* дослідник *m (doslidnyk)*, науковий співробітник *(naukovyi spivrobitnyk)*, науковець *(naukovets')*

resemble /rɪˈzɛmb(ə)l/ • *v* бути подібний, бути схожий

resentful /rɪˈzɛntfəl/ • *adj* уразливий, уразливий, образливий, злопам'ятний, злопам'ятливий; ображений, обурений

reside /rɪˈzaɪd/ • *v* мешкати, жити, проживати ~**nt** • *n* житель *m (žýtel')*, мешканець *m (meškánec')*

resistance /rɪˈzɪstəns/ • *n* опір *m*

response /rɪˈspɒns/ • *n* відповідь, реакція, відгук

responsib|le /rɪˈspɒnsəbḷ, rɪˈspɑnsəbəl/ • *adj* відповіда́льний **~ility** • *n* відповіда́льність *f*; обов'я́зок *m*

rest /rɛst/ • *n* відпочи́нок *m*; спо́кій; па́уза; ре́шта *f*, за́лишок; • *v* відпочива́ти; залиша́тися

restaurant /ˈrɛs.t(ə).rɒ̃, ˈrɛs.t(ə).rɑnt/ • *n* рестора́н *m*

restrain • *v* стри́мувати; позбавля́ти во́лі; обме́жувати

restrict /rɪˈstrɪkt/ • *v* обме́жувати **~ive** • *adj* обмежува́льний *(obméžuval'nyj)* **~ion** • *n* обме́ження *n*

result /rɪˈzʌlt/ • *n* результа́т *m*

retreat • *n* ві́дступ *m* • *v* відступа́ти, відступи́ти

retrieve /rɪˈtriːv/ • *v* поверта́ти собі́; рятува́ти; виправля́ти, відно́влювати

reveal /rəˈviːl/ • *v* розкрива́ти, виявля́ти, пока́зувати, з'ясо́вувати

revenge /rɪˈvɛndʒ/ • *n* по́мста *f* • *v* мсти́ти

reverse /rɪˈvəːs/ • *v* касува́ти *(kasuváty)*, скасува́ти *(skasuváty)*

review /rɪˈvjuː/ • *n* повто́рення; огля́д, реце́нзія, ревю́; пере́гляд; переві́рка; реві́зія, контро́ль • *v* перегляда́ти

revise /rɪˈvaɪz/ • *v* повто́рювати

revolution /ˌrɛvəˈl(j)uːʃən/ • *n* револю́ція *f* **~ary** • *adj* революці́йний • *n* революціоне́р *m*, революціоне́рка *f*

reward /rɪˈwɔːd/ • *n* нагоро́да *f*, винагоро́да *f* • *v* нагоро́джувати, нагороди́ти

Reykjavik • *n* Рейк'я́вік *m (Rejk'jávik)*

rhetoric /ˈrɛtərɪk/ • *n* рето́рика *f*

rhinoceros /raɪˈnɒsərəs, raɪˈnɑːsərəs/ • *n* носорі́г *m*

rhythm /ˈrɪð(ə)m/ • *n* ритм *m*

rib /rɪb/ • *n* ребро́ *n*

ribbon /ˈrɪbən/ • *n* стрі́чка *f*

rice /raɪs/ • *n* рис *m*, риж *m*

rich /rɪtʃ/ • *adj* бага́тий

rid /rɪd/ • *v* (*sp* rid, *pp* rid) звільня́ти

ridded (*sp/pp*) ▷ RID

ridden (*pp*) ▷ RIDE

ride /raɪd/ • *v* (*sp* rode, *pp* ridden) ї́хати, ї́здити, скака́ти **~r** • *n* ве́ршник *m (veršnýk)*

ridiculous /rɪˈdɪkjʊləs/ • *adj* безглу́здий, смішни́й

rifle /ˈraɪfəl/ • *n* гвинті́вка *f*, рушни́ця *f*

right /raɪt, ˈreɪt/ • *adj* прями́й; пра́вильний, ві́рний; пра́вий • *adv* зпра́ва; напра́во • *n* пра́во **n ~ now** • *adv* пря́мо за́раз

ring /rɪŋ/ • *n* кільце́ *n*; пе́рстень *m*, каблу́чка *f*; ринг *m* • *v* (*sp* rang, *pp* rung) дзвони́ти, дзвені́ти; подзвони́ти, телефонува́ти

rise /raɪz, raɪs/ • *v* (*sp* rose, *pp* risen) підніма́тися, підня́тися, встава́ти, вста́ти; рости́, зроста́ти

R

risen *(pp)* ▷ RISE

ritual /ˈrɪ.tʃʊəl/ ● *n* ритуа́л *m*, обря́д *m*

river /ˈrɪvə, ˈrɪvɚ/ ● *n* ріка́ *f*, рі́чка *f*

road /rəʊd, roʊd/ ● *n* доро́га *f*, шлях *m*

robber /ˈrɒ.bə(r), ˈrɑbɚ/ ● *n* розбі́йник *m*

robot /ˈrəʊbɒt, ˈroʊbɑt/ ● *n* ро́бот *m*

rock /rɒk, rɑk/ ● *n* ске́ля *f*; ка́мінь *m*, камену́ка *f*; поро́да *f*; рок *m* ● *v* кача́ти; кача́тися

rocket /ˈrɒkɪt, ˈrɑkɪt/ ● *n* раке́та *f*

rode *(sp)* ▷ RIDE

role /rəʊl/ ● *n* роль *f*

roll /rəʊl, roʊl/ ● *n* сви́ток; ро́лик; вал; руло́н, суви́й ● *v* коти́ти; заверта́ти, закру́тувати **~ercoaster** ● *n* америка́нські гі́рки

romance /roʊˈmæns, rəˈmæns/ ● *n* рома́н *m*

Romania ● *n* Румы́нія *f* **~n** ● *adj* руму́нський *m* ● *n* руму́нська *f*

Rom|e ● *n* Рим *m (Rym)* **~an** ● *n* лати́нка *f*, лати́ниця *f*

roof /ruːf/ ● *n* дах *m*

room /ruːm, rʊm/ ● *n* мі́сце *n*, про́стір *m*; кімна́та *f*, покій *m*, ха́та *f*

rooster /ˈruːstə, ˈrustɚ/ ● *n* пі́вень *m*, ко́гут *m*

root /ruːt, rʊt/ ● *n* ко́рінь *m*, корі́ння *n*

rope /rəʊp, roʊp/ ● *n* вірьо́вка *f*

rose /rəʊz, roʊz/ ● *adj* рожо́вий ● *n* троя́нда *f*, шипши́на *f*,

ро́за *f*; рожо́вий ● *(also)* ▷ RISE

rotten /ˈrɒtn, ˈrɒtn̩/ ● *adj* гнили́й

rough /rʌf/ ● *adj* грубий, шорстки́й

roulette ● *n* руле́тка *f*

round /ˈraʊnd/ ● *adj* круглий *(krúhlyj)* ● *n* круг *m (kruh)*, коло *n (kólo)*

route /ruːt, ruːt/ ● *n* маршру́т *m*

row /rəʊ, roʊ/ ● *n* ряд *m*

royal /ˈrɔɪəl/ ● *adj* королі́вський

rub /rʌb/ ● *v* те́рти

rubber /ˈrʌbə(r), ˈrʌbɚ/ ● *n* гу́ма *f*, каучу́к

ruby ● *n* рубі́н *m*

rude /ruːd, rud/ ● *adj* грубий *m*

rugby /ˈrʌɡbi/ ● *n* ре́гбі *n*

rule /ruːl/ ● *n* пра́вило *n* **~r** ● *n* ліні́йка *f*; прави́тель *m*; прави́телька *f*

run /rʌn, rʌn/ ● *v* *(sp* ran, *pp* run) бі́гати, бі́гти **~ning** ● *n* біг *m*, бі́гання *n*

rung *(pp)* ▷ RING

rural /ˈrʊrəl/ ● *adj* сільськи́й

Russia ● *n* Росія *f* **~n** ● *adj* росі́йський; ру́ський, давньору́ський ● *n* росі́янин *m*, росі́янка *f*; росі́йський *f*, росі́йська *f*

rust /rʌst/ ● *n* іржа́ *f*, ржа *f*

Rwanda ● *n* Руа́нда *f*

sack /sæk/ ● *n* мішо́к *m*

sacred /ˈseɪkrɪd/ ● *adj* святий *(svjatýj)*, священний *(svjaščénnyj)*

sacrifice /ˈsækrɪfaɪs/ ● *n* жертвопринесення *n*; жертва *f*, офіра *f*, пожертвування *n* ● *v* жертвувати

sad /sæd/ ● *adj* смутний **~ness** ● *n* печаль *f*, смуток *m*

safe /seɪf/ ● *adj* безпечний ● *n* сейф *m* **~ty** ● *n* безпека *f*

said *(sp/pp)* ▷ SAY

sail /seɪl/ ● *n* вітрило *n*, парус *m* **~or** ● *n* моряк *m*, матрос *m*, мореплавець *m*

saint /seɪnt, sən(t)/ ● *n* святий *m*, свята *f*

sake /seɪk/ ● *n* саке *n* **for God's ~** ● *interj* заради бога

salad /ˈsæləd/ ● *n* салат *m*

salamander /ˈsæləˌmændə, ˈsæləˌmɑːndə/ ● *n* саламандра *f*

salary /ˈsæləri/ ● *n* заробітна плата *f*, зарплата *f*, заплата *f*

sale /seɪl/ ● *n* продаж *m*, спродаж *m*; розпродаж *m*

salmon /ˈsæmən, ˈsælmən/ ● *n (pl* salmon) лосось *m (losósʼ)*

salt /sɔːlt, sɒlt/ ● *n* сіль *f* **~y** ● *adj* солоний

same /seɪm/ ● *adj* однаковий, однакий, той же; такий же

sample /ˈsɑːm.pəl, ˈsæm.pəl/ ● *n* зразок, проба, екземпляр ● *v* пробувати

San Marino ● *n* Сан-Марино *f*

sanction /ˈsæŋkʃən/ ● *n* санкція *f*

sand /sænd/ ● *n* пісок *m* **~y** ● *adj* піщаний

sandwich /ˈsæn(d)wɪdʒ, ˈsæn.(d)wɪtʃ/ ● *n* сендвіч *m*, бутерброд *m*

sang *(sp)* ▷ SING

sank *(sp)* ▷ SINK

sat *(sp/pp)* ▷ SIT

satellite /ˈsætəlaɪt/ ● *n* сателіт *m*, супутник *m*

satisf|y /ˈsætɪsfaɪ/ ● *v* задовольняти, задовольнити **~action** ● *n* задоволення *n*

Saturday ● *n* субота *f*

Saturn ● *n* Сатурн *m*

sauce /sɔs, sɔːs/ ● *n* соус *m*, підлива *f*

Saudi Arabia ● *n* Саудівська Аравія *f*

save /seɪv/ ● *v* рятувати, врятувати; зберігати, записати

saw /sɔː, sɒ/ ● *n* пила *f* ● *(also)* ▷ SEE

sawed *(sp/pp)* ▷ SAW

sawn *(pp)* ▷ SAW

say /seɪ/ ● *v (sp* said, *pp* said) говорити, казати, сказати

scale /skeɪl/ ● *n* шкала *f*; масштаб *m*; луска *f*

scanner /ˈskænə, ˈskænə/ ● *n* сканер *m*

scandal /ˈskændəl/ ● *n* скандал *m*

scar /skɑɪ, skɑː(ɪ)/ ● *n* шрам *m*, рубець *m*

scar|e /skɛə, skɛə/ ● *v* лякати **~ed** ● *adj* зляканий **~y** ● *adj* страшний, жахливий

S

scarf /skɑːf, skɑːf/ • *n* (*pl* scarves) шарф *m*

scarlet /ˈskɑːlɪt, ˈskɑːlɪt/ • *n* яскраво-червоний (*jaskravo-červonyj*)

scarves (*pl*) ▷ SCARF

scenario /sɪˈnɑːɾɪəʊ, sɪˈnɛəɾɪoʊ/ • *n* сценарій *m*

scenery /ˈsiːnəɾɪ/ • *n* краєвид *m*, пейзаж *m*, ландшафт *m*, вид *m*

scent /sɛnt/ • *n* запах *m*

schedule /ˈʃedjuːl, ˈskɛːdʒʊl/ • *n* розклад *m*, графік *m*

school /skuːl, skuːl/ • *n* згра́я *f*; шко́ла *f*, учи́лище *n*; ви́ща шко́ла *f*, ви́щий навча́льний за́клад *m*, університе́т *m*, акаде́мія *f*, інститу́т *m*, консервато́рія *f*, коле́дж *m*, те́хнікум *m*; факульте́т *m*, відді́лення • *v* навча́ти **~boy** • *n* школя́р *m*, у́чень *m* **~girl** • *n* школя́рка *f*, учени́ця *f*

scien|ce /ˈsaɪəns/ • *n* нау́ка *f*; дисциплі́на *f*; знання́ *n* **~tific** • *adj* науко́вий **~tist** • *n* вче́ний

scissors /ˈsɪzəz, ˈsɪzɚz/ • *n* но́жиці

score /skɔː, skɔɹ/ • *n* раху́нок; результа́т • *v* отри́мувати

scorpion /ˈskɔː.pi.ən, ˈskɔɹ.pi.ən/ • *n* скорпіо́н *m*

scrape /skɹeɪp/ • *v* скребти́

scratch /skɹætʃ/ • *n* дря́пина *f* • *v* шкря́бати, дря́пати; чу́хати

scream /skɹiːm, skɹiːm/ • *v* крича́ти

screen /skɹiːn, skɹiːn/ • *n* екра́н *m*

screw /skɹuː/ • *n* гвинт *m*, шуру́п *m* **~driver** • *n* ви́крутка *f*, за́вертка *f*

script /skɹɪpt/ • *n* писе́мність *f*

sculpture • *n* скульпту́ра *f*, лі́пка *f*

sea /siː/ • *n* мо́ре *n* **~side** • *n* морське́ побере́жжя *n*, морське́ узбере́жжя *n*

seal /siːl/ • *n* тюле́нь *m*; печа́тка *f*, печа́ть *f*

search /sɜːtʃ, sɜˑtʃ/ • *n* по́шук *m* • *v* шука́ти

season /ˈsiːzən, ˈsiːzən/ • *n* пора́ ро́ку *f*, сезо́н *m* **~ing** • *n* припра́ва *f*

seat /siːt/ • *n* сиді́ння *n*, мі́сце *n*

second /ˈsekənd, ˈsek.(ə)nd/ • *adj* дру́гий (*drúhyj*) • *n* секу́нда *f*

secret /ˈsiːkɹɪt, ˈsiːkɹət/ • *n* таємни́ця *f*, секре́т *m* **~ly** • *adv* таємно (*tajémno*)

secretary /ˈsek.ɹə.tə.ɹi, ˈsekɹətɛɹi/ • *n* секрета́р *m*, секрета́рка *f*

security /sɪˈkjʊəɹəti, səˈkjɔɹ.ɪˌti/ • *n* безпе́ка *f*

see /siː/ • *v* (*sp* saw, *pp* seen) ба́чити, ви́діти; розумі́ти

seed /siːd/ • *n* сі́м'я *n*, насі́нина *f*, насі́ння *n*

seek /siːk/ • *v* (*sp* sought, *pp* sought) шука́ти

seem /siːm/ • *v* здава́тися

seen (*pp*) ▷ SEE

seldom /ˈseldəm/ • *adv* рі́дко, зрі́дка

selection /səˈlɛkʃən/ • *n* ви́бір, відбір

self /sɛlf/ • *n* (*pl* selves) сам *m*
~ish • *adj* егоїсти́чний

sell /sɛl/ • *v* (*sp* sold, *pp* sold)
продава́ти, прода́ти **~er** • *n*
продаве́ць *m*, продавщи́ця *f*,
торго́вець *m*

selves (*pl*) ▷ SELF

senat|e /ˈsɛnɪt/ • *n* сена́т *m* **~or**
• *n* сена́тор *m*

send /sɛnd/ • *v* (*sp* sent, *pp* sent)
посила́ти, сла́ти, посла́ти

Senegal • *n* Сенега́л *m*

senior /ˈsɪnjər/ • *adj* ста́рший

sense /sɛn(t)s, sɪn(t)s/ • *n* чуття́,
відчуття́; сенс, зна́чення *n*;
почуття́ *n*

sensor /ˈsɛn.sə, ˈsɛn.sər/ • *n*
се́нсор *m* (*sénsor*)

sent (*sp/pp*) ▷ SEND

sentence /ˈsɛntəns/ • *n* при́суд;
ви́рок; ре́чення *n*, фра́за *f*

separate /ˈsɛp(ə)ˌreɪt, ˈsɛpəreɪt/ •
adj окремий *m*

September • *n* ве́ресень *m*

Serbia • *n* Се́рбія *f* **~n** • *n* серб
m, се́рбка *f*; се́рбська *f*

serene • *adj* безтурбо́тний,
споко́йний

series /ˈsɪə.ɹiːz, ˈsɪɹiz/ • *n* (*pl*
series) ряд, се́рія;
телесеріа́л *m*, серіа́л *m*

serious /ˈsɪɹɪəs/ • *adj*
серйо́зний (*serjóznyj*) **~ly** •
adv серйо́зно (*serjózno*)

serv|e /sɜːv, sɜrv/ • *n* пода́ча • *v*
служи́ти; обслуго́вувати;
подава́ти **~ant** • *n* слуга́ *m*,
служни́ця *f* **~ice** • *n* слу́жба
f, обслуго́вування *n*, се́рвіс
m • *v* обслуго́вувати

session /ˈsɛʃən/ • *n* се́сія *f*,
сеа́нс *m*

settle /ˈsɛtəl/ • *v* сели́тися,
заселя́ти

seven /ˈsɛv.ən/ • *num* сім,
се́меро **~teen** • *num*
сімна́дцять **~th** • *adj*
сьо́мий **~ty** • *num* сімдеся́т

severe /sɪˈvɪə/ • *adj* суво́рий,
тяжки́й, лю́тий; стро́гий

sew /səʊ, soʊ/ • *v* (*sp* sewed, *pp*
sewn) ши́ти

sewed (*sp/pp*) ▷ SEW

sewn (*pp*) ▷ SEW

sex /sɛks/ • *n* любо́щі, секс *m*,
стате́ві зно́сини; стать *f*
~ual • *adj* стате́вий,
сексуа́льний

Seychelles • *n* Сейше́ли,
Сейше́льські острови́

shade /ʃeɪd/ • *n* тінь *f*

shadow /ˈʃædoʊ, ˈʃædəʊ/ • *n* тінь
f

shake /ʃeɪk/ • *v* (*sp* shook, *pp*
shaken) трусти́ти, трясти́

shaken (*pp*) ▷ SHAKE

shallow /ˈʃaləʊ, ˈʃæl.oʊ/ • *adj*
мілки́й, неглибо́кий;
поверхне́вий • *n* мілина́ *f*
(*milyná*)

shame /ʃeɪm/ • *n* со́ром *m*,
ганьба́ *f*, стид *m*

shape /ʃeɪp/ • *n* фо́рма *f*,
ви́гляд; фігу́ра • *v*
формува́ти

share /ʃɛə, ʃɛɹ/ • *n* до́ля,
ча́стка, части́на; а́кція • *v*
діли́ти, діли́ти, розділя́ти;
розподіля́ти **~holder** • *n*
акціоне́р *m*

shark /ʃɑːk, ʃɑːk/ • *n* аку́ла *f*

S

sharp /ʃɑːp, ʃɑːrp/ • *adj* гóстрий

shat *(sp)* ▷ SHIT

shatter /ˈʃæt.ə(r)/ • *v* розтрóщувати, розтрощи́ти, трощи́ти

she /ʃiː, ʃi/ • *pron* вонá

shear /ʃɪə(r), ʃɪr/ • *v* (*sp* sheared, *pp* shorn) стри́гти

sheared *(sp/pp)* ▷ SHEAR

shed /ʃɛd/ • *n* сарáй *m*, повíтка *f*, шóпа *f*

sheep /ʃiːp, ʃiːp/ • *n* (*pl* sheep) вівцá *f*

sheer /ʃɪə, ʃɪr/ • *adj* прозóрий; пóвний, чи́стий; íстиний, спрáвжній; перпендикуля́рний, прямови́сний, вертикáльний • *v* відхиля́тися від кýрсу

sheet /ʃiːt, ʃit/ • *n* áркуш *m*, лист *m*

shelf /ʃɛlf/ • *n* (*pl* shelves) поли́ця *f*

shell /ʃɛl/ • *n* черепáшка *f*, пáнцер *m*, пáнцир *m*; шкаралýпа *f*, шкаралýпина *f*, лушпи́на *f*, лушпáйка *f*; гíльза *f*

shelter /ˈʃɛltə, ˈʃɛltər/ • *n* приту́лок *m*

shelves *(pl)* ▷ SHELF

shift /ʃɪft/ • *n* змíна *f*

shine /ʃaɪn/ • *v* (*sp* shone, *pp* shone) світи́ти, ся́ти

ship /ʃɪp/ • *n* корабéль *m*, суднó *n*

shirt /ʃɜt, ʃɜːt/ • *n* сорóчка *f*, кошу́ля *f*

shit /ʃɪt/ • *interj* лайнó! *(lajno)* • *n* гімнó *n*, дерьмó *n*, лайнó *n* • *v* (*sp* shit, *pp* shit) срáти

shitted *(sp/pp)* ▷ SHIT

shocking /ˈʃɒkɪŋ/ • *adj* шокýючий

shod *(sp/pp)* ▷ SHOE

shoe /ʃuː, ʃu/ • *n* череви́к *m* • *v* (*sp* shod, *pp* shod) взувáтися; підкувáти ~**lace** • *n* шнурóк *m*

shoed *(sp/pp)* ▷ SHOE

shone *(sp)* ▷ SHINE

shook *(sp)* ▷ SHAKE

shoot /ʃuːt/ • *v* (*sp* shot, *pp* shot) стріля́ти, встрíлювати, встрéлювати, ви́стрелити, ви́стрілити ~**ing** • *n* стрільбá *f*, стріляни́на *f*

shop /ʃɒp, ʃɑp/ • *n* крамни́ця *f*, магази́н *m* • *v* ходи́ти до крамни́ць *(xodýty do kramnýc')*

shore /ʃɔː, ʃɔr/ • *n* бéріг *m*, бéрег *m*

shorn *(pp)* ▷ SHEAR

short /ʃɔt, ʃɔrt/ • *adj* корóткий; ни́зький ~**s** • *n* шóрти *m*

shot /ʃɒt, ʃɑt/ • *n* пóстріл *m* • *(also)* ▷ SHOOT

should /ʃʊd, ʃəd/ • *v* пови́нен, вáрто; пови́нно, слід

shoulder /ˈʃəʊldə, ˈʃoʊldər/ • *n* плечé *n*, рáм'я *n*, рáмено *n*; смуга руху для аварíйної зупинки *f*, аварíйна смуга *f*, узбíччя *n*

shout /ʃaʊt, ʃʌʊt/ • *v* кричáти

show /ʃəʊ, ʃoʊ/ • *n* вистáва *f*, спектáкль *m*, шóу *n*, видóвище *n* • *v* (*sp* showed, *pp* shown) пока́зувати, показа́ти ~ off ● *v* викаблу́чуватися, викабе́люватися, випе́ндрюватися, випиндю́чуватися, вийо́буватися

showed *(sp/pp)* ▷ SHOW

shower /ˈʃaʊ.ə(ɹ), ˈʃaʊ.ɚ/ ● *n* до́щик *m*; душ *m*; град *m* ● *v* бри́зкати; прийня́ти душ

shown *(pp)* ▷ SHOW

shrimp /ʃɹɪmp/ ● *n* (*pl* shrimp) креве́тка *f*

shut /ʃʌt/ ● *v* (*sp* shut, *pp* shut) зачиня́ти, зачини́ти, закрива́ти, закри́ти

shy /ʃaɪ/ ● *adj* полохли́вий, боязки́й, страшли́вий, несмі́лий; соромли́вий, сором'язли́вий ~ness ● *n* соромли́вість *f*, сором'язли́вість *f*

sibling /ˈsɪblɪŋ/ ● *n* суро́дженець *m*, родже́нство *n*

side /saɪd/ ● *n* бік *m*, сторона́ *f*

sidewalk /ˈsaɪdwɔːk/ ● *n* тротуар *m* (*trotuár*)

Sierra Leone ● *n* Сьє́рра-Лео́не *f*

sigh /saɪ/ ● *n* зітха́ння *n*, по́дих *m* ● *v* зітха́ти, зітхну́ти, здиха́ти, здихну́ти

sign /saɪn/ ● *n* знак ● *v* підпи́сувати, підписа́ти, підпи́суватися, підписа́тися

signal /ˈsɪɡnəl/ ● *n* сигна́л *m*, знак *m*

signature /ˈsɪɡnətʃə, ˈsɪɡnətʃɚ/ ● *n* пі́дпис *m*

significant /sɪɡˈnɪ.fɪ.kənt, sɪɡˈnɪ.fɪ.ɡənt/ ● *adj* значни́й, істо́тний, сутте́вий

silen|t /ˈsaɪlənt/ ● *adj* ти́хий, мовча́ти ~ce ● *n* ти́ша *f*, мовча́ння *n* ● *v* затиха́ти, затихну́ти

silk /sɪlk/ ● *n* шовк *m*

silly /ˈsɪli/ ● *adj* дурни́й, тупи́й

silver /ˈsɪl.və, ˈsɪl.vɚ/ ● *adj* срі́бний ● *n* срі́бло; сребля́стий *m*

similar /ˈsɪmələ, ˈsɪmələɚ/ ● *adj* поді́бний, схо́жий ~ity ● *n* схо́жість *f* (*sxóžist'*), поді́бність *f* (*podibnist'*)

simple /ˈsɪmpəl/ ● *adj* про́стий, ле́гкий

simultaneous /sɪm.əlˈteɪn.i.əs, ˌsaɪm.əlˈteɪn.i.əs/ ● *adj* одноча́сний

sin /sɪn/ ● *n* гріх *m* ● *v* гріши́ти ~ner ● *n* грі́шник *m*, грі́шниця *f*

since /sɪn(t)s/ ● *conj* відто́ді; тому́, так як ● *prep* з (*z*), від (*vid*)

sincere /sɪnˈsɪə(ɹ)/ ● *adj* щи́рий

sing /sɪŋ/ ● *v* (*sp* sang, *pp* sung) співа́ти, заспіва́ти ~er ● *n* співа́к *m*; співа́чка *f* ~ing ● *n* спів *m*, співа́ння *n*

Singapore ● *n* Сінгапу́р *m*, Сингапу́р *m*

sink /sɪŋk/ ● *n* кухо́нний злив, ра́ковина для сті́кання во́ди, ра́ковина *f*, умива́льник *m* ● *v* (*sp* sank, *pp* sunk) опуска́тися, зни́жуватися, па́дати, впада́ти, запада́ти, of the

S

sun заходи́ти, тону́ти,
зану́рюватися, іти́ на дно,
потупа́ти, of a foundation
осіда́ти, into the mind
запа́сти в па́м'ять,
вріза́тися в па́м'ять,
weaken or die слабша́ти
ги́нути, into poverty
зубожі́ти, have one's spirits
sink занепа́сти ду́хом.;
топи́ти, a well копа́ти
колодя́зь, ри́ти колодя́зь,
capital невда́ло покла́сти;
затопи́ти; всади́ти, вколо́ти

sir /sɜː(ɹ), 'sɜ̃/ ● *n* пан *m*

sister /'sɪs.tə, 'sɪs.tɚ/ ● *n* сестра́ *f*

sit /sɪt/ ● *v* (*sp* sat, *pp* sat)
сиді́ти, сі́сти

site /saɪt/ ● *n* мі́сце,
місцезнахо́дження; діля́нка

situation /sɪtjuːˈeɪʃən/ ● *n*
ситуа́ція *f*, стано́вище *n*;
місцеположе́ння *n*,
положе́ння *n*,
розташува́ння *n*; стан *m*;
обстано́вка *f*; поса́да *f*

six /sɪks/ ● *num* шість, шестеро
~teen ● *num* шістна́дцять
~th ● *adj* шо́стий ● *n* шостий
m **~ty** ● *num* шістдесят
(*šist'desját*)

size /saɪz/ ● *n* ро́змір *m*,
величина́ *f*

sketch /skɛtʃ/ ● *n* на́черк *m*,
на́рис *m*, ескі́з *m*

ski /skiː, ʃiː/ ● *n* ли́жа *f*

skill /skɪl/ ● *n* вмі́ння *n*,
майсте́рство *n*, на́вик *m*

skin /skɪn/ ● *n* шкі́ра *f*, шку́ра *f*
~ny ● *adj* худи́й

skirt /skɜːt, skɜ̃t/ ● *n* спідни́ця *f*

skull /skʌl/ ● *n* че́реп *m*

skunk /skʌŋk/ ● *n* скунс *m*

sky /skaɪ/ ● *n* не́бо *n*; небеса́
~scraper ● *n* хмарочо́с *m*

slap ● *n* ля́пас *m*

slash /slaʃ, slæʃ/ ● *n* косий *f*,
слеш *m*

slave /sleɪv/ ● *n* раб *m*, раби́ня *f*
~ry ● *n* ра́бство *n*

sleep /sliːp, slɪp/ ● *n* сон *m* ● *v*
(*sp* slept, *pp* slept) спа́ти

sleeve /sliːv/ ● *n* рука́в *m*

slept (*sp/pp*) ▷ SLEEP

slight /slaɪt/ ● *adj* незначни́й,
легки́й, слабки́й **~ly** ● *adv*
зле́гка, ледь, тро́хи

slippery /'slɪpəɹi/ ● *adj*
слизьки́й, ковзки́й,
сковзки́й

slogan /'sloʊɡən, 'sləʊɡ(ə)n/ ● *n*
га́сло *n*, ло́зунг *m*, сло́ган *m*

sloppy ● *adj* мо́крий;
неоха́йний, недба́лий

sloth /sləʊθ, slɒθ/ ● *n* лінь *f*,
ледарство *n*, лі́нощі *f*;
лінивець *m*

Slovakia ● *n* Слова́ччина *f*,
Слове́нсько *n*

Slovenia ● *n* Слове́нія *f*

slow /sləʊ, sloʊ/ ● *adj*
пові́льний; нудни́й **~ly** ● *adv*
пові́льно, без поспі́ху

small /smɔːl, smɔl/ ● *adj*
мале́нький, мали́й;
молоди́й

smart /smaɹt, smɑːt/ ● *adj*
розу́мний

smell /smɛl/ ● *n* за́пах *m*; нюх *m*
● *v* (*sp* smelt, *pp* smelt)
ню́хати, чу́яти, чу́ти;
па́хнути

smelled *(sp/pp)* ▷ SMELL

smelt *(sp/pp)* ▷ SMELL

smile /smaɪl/ • *n* посмішка *f* • *v* посміха́тися, посміхну́тися

smok|e /sməʊk, smoʊk/ • *n* дим *m* • *v* кури́ти, пали́ти **~ing** • *n* палі́ння *n*, курі́ння *n*

smooth /smuːð/ • *adj* гладки́й; пла́вний

snake /ˈsneɪk/ • *n* змія́ *f*

snow /snəʊ, snoʊ/ • *n* сніг *m* **~man** • *n* снігова́ ба́ба *f*, сніговик *m*

so /səʊ, soʊ/ • *adv* ду́же; так • *conj* аби, щоб; тому́, так що • *interj* отже

soap /soʊp, səʊp/ • *n* ми́ло *n*

soccer /ˈsɒk.ə, ˈsɑːk.ɚ/ • *n* футбо́л *m*, копа́ний м'яч *m*

socialis|t /ˈsəʊʃəlɪst, ˈsoʊʃ.əl.ɪst/ • *n* соціалі́ст *m*, соціалі́стка *f* **~m** • *n* соціалі́зм *m*

society /səˈsaɪ.ə.ti/ • *n* суспі́льство *n*, со́ціум

sock /sɑk, sɒk/ • *n* носо́к *m*, шкарпе́тка *f*

sodium /ˈsəʊdɪəm, ˈsoʊdi.əm/ • *n* на́трій *m*

sofa /ˈsoʊfə, ˈsəʊfə/ • *n* софа́ *f*, дива́н *m*

soft /sɒft, sɑft/ • *adj* м'яки́й **~ly** • *adv* м'я́ко; ти́хо

software /ˈsɒft.weə, ˈsɑːft.wer/ • *n* програ́мне забезпе́чення *n*, ПЗ *n*

soil /sɔɪl/ • *n* земля́ *f*, ґрунт *m*

solar /ˈsoʊlɚ, ˈsəʊlə/ • *adj* со́нячний

sold *(sp/pp)* ▷ SELL

soldier /ˈsəʊldʒə, ˈsoʊldʒɚ/ • *n* солда́т *m*, во́їн *m*, жо́внір *m*, воя́к *m*, військо́вий *m*

sole /səʊl, soʊl/ • *n* підо́шва *f*; підме́тка *f*

solidarity • *n* соліда́рність *f*

solution /səˈl(j)uːʃən/ • *n* ро́зчин *m*; рі́шення *n*

Somali|a • *n* Сомалі́ *f* **~** • *n* сомалі́йська *f*

some /sʌm, səm/ • *pron* де́який; кі́лька, тро́хи **~body** • *pron* хтось, хто-не́будь **~how** • *adv* я́кось, як-не́будь **~one** • *pron* хтось, хто-не́будь **~thing** • *pron* щось, де́що, що-не́будь, чого́-не́будь **~time** • *adv* коли́сь, коли́-не́будь **~times** • *adv* іно́ді, ча́сом **~what** • *adv* пе́вною мі́рою, поча́сти **~where** • *adv* десь *(des')*; кудись *(kudýs')*

son /sʌn/ • *n* син *m*

song /sɒŋ, sɔŋ/ • *n* пі́сня *f*

soon /suːn/ • *adv* ско́ро, незаба́ром

sorry /ˈsɒɹi, ˈsɔːɹi/ • *interj* проба́чте, проба́ч, перепро́шую, ви́бачте, ви́бач

sort /sɔːt, sɔɹt/ • *n* тип *m*, сорт *m*, вид *m*, рід *m*

sought *(sp/pp)* ▷ SEEK

soul /səʊl, soʊl/ • *n* душа́ *f*

sound /saʊnd/ • *n* звук *m* • *v* звуча́ти

soup /suːp, sup/ • *n* суп *m*, зу́па *f*, ю́шка *f*

sour /ˈsaʊ(ə)ɹ, ˈsaʊə/ • *adj* ки́слий

S

source /sɔːs, sɔːs/ ● *n* джерело *n*, криниця *f*

south /saʊθ, sʌʊθ/ ● *n* південь *m* **~ern** ● *adj* південний **~west** ● *n* південний захід *m* **~east** ● *n* південний схід *m*

South Africa ● *n* Південно-Африканська Республіка *f*, Південна Африка *f*, ПАР *f*

South Sudan ● *n* Південний Судан *m*

sovereign /ˈsɒv.ɹɪn/ ● *adj* суверенний **~ty** ● *n* суверенітет *m*

Soviet /ˈsəʊ.vi.ət, ˈsoʊ.vi.ət/ ● *adj* радянський, совєтський

sow /saʊ/ ● *n* свиня *f (svynjá)*, льоха *f (l'ókha)* ● *v (sp* sowed, *pp* sown) сіяти

sowed *(sp/pp)* ▷ SOW

sown *(pp)* ▷ SOW

space /speɪs/ ● *n* простір *m*; космос *m*; пробіл *m*

Spa|in ● *n* Іспанія *f* **~nish** ● *adj* іспанський

spark /spɑɹk, spɑːk/ ● *n* іскра *f*

spat *(sp/pp)* ▷ SPIT

speak /spiːk, spik/ ● *v (sp* spoke, *pp* spoken) говорити, сказати **~er** ● *n* спікер *m*

species /ˈspiːʃiːz/ ● *n (pl* species) вид

specta|tor /spɛkˈteɪtə, ˈspɛkteɪtə/ ● *n* глядач *m*, глядачка *f* **~cles** ● *n* окуляри

spectrum /ˈspɛktɹəm, ˈspɛkt(ʃ)ɹəm/ ● *n* спектр *m*

sped *(sp/pp)* ▷ SPEED

speech /spiːtʃ/ ● *n* мова *f*, говір *m*; промова *f*

speed /spiːd/ ● *n* швидкість *f*

speeded *(sp/pp)* ▷ SPEED

spell /spɛl/ ● *n* заклинання *n*, закляття *n*; чари **~ing** ● *n* правопис *m*; орфографія *f*

spelled *(sp/pp)* ▷ SPELL

spelt *(sp/pp)* ▷ SPELL

spend /spɛnd/ ● *v (sp* spent, *pp* spent) тратити, витрачати; витратити; проводити

spent *(sp/pp)* ▷ SPEND

sphere /sfɪə, sfɪɹ/ ● *n* сфера *f*

spicy ● *adj* пряний, гострий

spider /ˈspaɪdə, ˈspaɪdɚ/ ● *n* павук *m*

spin /spɪn/ ● *v (sp* spun, *pp* spun) прясти *(prjásty)*

spine /spaɪn/ ● *n* хребет *m*

spirit /ˈspɪɹɪt, ˈspɪɪɹt/ ● *n* душа *f*, дух *m*; привид *m*; алкоголь *m*, спирт *m*

spit /spɪt/ ● *n* рожен *m*, шампур *m*; коса *f*; слина *f*; плювок *m* ● *v (sp* spat, *pp* spat) плювати, наплювати, плюнути

split /splɪt/ ● *n* Поперечка *m*

spoil /spɔɪl/ ● *v (sp* spoilt, *pp* spoilt) псувати **~er** ● *n* спойлер *m*

spoiled *(sp/pp)* ▷ SPOIL

spoilt *(sp/pp)* ▷ SPOIL

spoke *(sp)* ▷ SPEAK

spoon /spuːn, spun/ ● *n* ложка *f*

sport /spɔɹt, spɔːt/ ● *n* спорт *m*

spot /spɒt, spɑt/ ● *n* пляма; місце

spouse /spaʊs/ ● *n* супруг *m*, супруга *f*, чоловік *m*, дружина *f*, жінка *f*

sprang *(sp)* ▷ SPRING

spread /sprɛd/ • *n*
розповсю́дження,
поши́рення • *v* (*sp* spread, *pp*
spread) розповсю́джувати,
поши́рювати

spring /sprɪŋ/ • *n* весна́ *f*;
джерело́ *n*, крини́ця *f*;
пружи́на *f*, спружи́на *f*

sprung (*pp*) ▷ SPRING

spun (*sp/pp*) ▷ SPIN

spy /spaɪ/ • *n* шпигу́н *m*

square /skwɛə(ɹ), skwɛəɹ/ • *n*
квадра́т *m*; пло́ща *f*, майда́н
m

squeeze /skwiːz/ • *v* стиска́ти,
сти́скувати, сти́снути,
ти́снути

squid /skwɪd/ • *n* (*pl* squid)
кальма́р *m*

squirrel /ˈskwɪɹl, ˈskwɝl/ • *n*
бі́лка *f*, виві́рка *f*, біл$и́ця *f*,
ви́скічка *f*

Sri Lanka • *n* Шрі-Ланка́ *f*

stab /stæb/ • *n* спро́ба *f*;
кри́тика *f*

stable /ˈsteɪbəl/ • *n* ста́йня *f*,
кі́нниця *f*, коню́шня *f*, хлів *m*,
коша́ра *f*, саж *m*

stadium /ˈsteɪdi.əm/ • *n* стадіо́н
m

staff /stɑːf, ˈstæf/ • *n* персона́л,
ка́дри, штат; штаб

stage /steɪʤ/ • *n* ста́дія, фа́за,
ета́п; сце́на *f*, підмо́стки,
естра́да *f*

stain /steɪn/ • *n* пля́ма *f*

stair /stɛəɹ, stɛə/ • *n* схі́дець *m*,
схо́динка *f*; схо́ди **~case** • *n*
схо́ди, сходо́ва клі́тка *f*

stake /steɪk/ • *n* кіл *m*

stall /stɔːl, stɒl/ • *n* сті́йло, хлів
m (*chliv*); прила́вок; ларьо́к;
душова́ кабі́нка, кабіна

stamp /stæmp/ • *n* штамп *m*,
печа́тка *f*, ште́мпель *m*

stand /stænd, æ/ • *v* (*sp* stood,
pp stood) стоя́ти

standard /ˈstændəd, ˈstændəɹd/ •
n станда́рт *m*; стандарт *m*,
літературний стандарт *m*

stank (*sp*) ▷ STINK

star /stɑː(ɹ), stɑɹ/ • *n* зі́рка *f*,
звізда́ *f* **~fish** • *n* морська́
зі́рка *f*

stare /stɛəɹ, stɛə(ɹ)/ • *v*
вдивля́тися, ви́тріщитися

start /stɑːt, stɑɹt/ • *n* поча́ток *m*
• *v* почина́ти, поча́ти,
почина́тися, поча́тися

starve /stɑːv/ • *v* голодува́ти

state /steɪt/ • *n* держа́ва *f*;
штат *m*; стан *m*, стано́вище *n*

station /ˈsteɪʃən/ • *n* ста́нція *f*,
вокза́л *m*, зупи́нка *f* **~ary** •
adj нерухо́мий;
стаціона́рний; пості́йний

statue /ˈstæ.tʃuː/ • *n* ста́туя *f*

stay /steɪ/ • *v* затри́муватися,
зостава́тися

steak /steɪk/ • *n* біфште́кс *m*
(*bifštéks*)

steal /stiːl/ • *v* (*sp* stole, *pp*
stolen) кра́сти, укра́сти,
сви́снути, поцу́пити,
спи́здити

steam /stiːm/ • *n* па́ра *f*, пар *m*

steel /stiːl/ • *n* сталь *f*, кри́ця *f*

steering wheel • *n* кермо́,
стерно́ *n*, руль *m*, штурва́л *m*

stem /stɛm/ • *n* ствол *m*

S

step /stɛp/ • *n* крок *m*; щабéль *m*, схóдинка *f*; ходá *f*

stern /stɜːn, stɜːn/ • *n* корма *f*

stick /stɪk/ • *n* пáлиця *f*, пáлка; ціпóк, пáличка, пóсох; клю́чка; прут • *v* (*sp* stuck, *pp* stuck) втикáти; приклéювати, клéїти; ли́пнути; защемля́ти, защеми́ти **~y** • *adj* липки́й, липучий

still /stɪl/ • *adv* ще, іщé

sting /stɪŋ/ • *v* (*sp* stung, *pp* stung) жáлити, ужáлити, куси́ти, укуси́ти **~er** • *n* жáло *n*

stingy /stɪndʒi/ • *adj* жáдібний, жадíбний, жáдний, жадни́й, жадли́вий, скупи́й

stink /stɪŋk/ • *v* (*sp* stank, *pp* stunk) смердíти

stock /stɒk, stɑk/ • *n* запáс; áкції

Stockholm • *n* Стокгóльм *m*

stole (*sp*) ▷ STEAL

stolen (*pp*) ▷ STEAL

stomach /stʌmək/ • *n* шлу́нок *m*, желу́док *m*, жолу́док *m*; живíт *m*, чéрево *n*

stone /stəʊn, stoʊn/ • *n* кáмінь *m*; камíнець *m*

stood (*sp/pp*) ▷ STAND

stop /stɒp, stɑp/ • *n* зупи́нка *f* • *v* зупиня́тися, зупини́тися; зупиня́ти, зупини́ти

store /stɔː, stɔːr/ • *n* склад • *v* зберігáти

stork /stɔːk, stɔːk/ • *n* лелéка *m*, чорногу́з *m*, бу́сел *m*

storm /stɔːm, stɔːrm/ • *n* бу́ря *f*

story /stɔː.i/ • *n* óповідь *f*, рóзповідь *f*, істóрія *f*

stove /stəʊv, stoʊv/ • *n* піч *f*, пíчка *f*; плитá *f*, пли́тка *f*

straight /stɹeɪt/ • *adj* прями́й **~forward** • *adj* прями́й, чéсний, відвéртий; прости́й, легки́й

strange /stɹeɪndʒ/ • *adj* ди́вний **~r** • *n* незнайóмець *m*, незнайóмка *f*, чужи́нець *m*, чужи́нка *f*, чужи́й *m*; інозéмець *m*, інозéмка *f*

strategy /stɹætədʒi/ • *n* стратéгія *f*

straw /stɹɔː, stɹɑ/ • *n* соломи́на *f*, соломи́нка *f*; солóма *f*

stream /stɹiːm/ • *n* струмóк *m*, рíчка *f*, потíк *m*

street /stɹiːt, ʃtɹiːt/ • *n* ву́лиця *f*

strength /stɹɛŋ(k)θ, stɹɪŋ(k)θ/ • *n* си́ла *f*, міць *f*; сила *f*; дієвість *f*, прóчність, мíцність; авторитéт *m*

strict /stɹɪkt/ • *adj* строгий

strike /stɹaɪk/ • *n* страйк *m*, забастóвка *f* • *v* (*sp* struck, *pp* struck) закрéслювати, викрéслювати; би́ти, вдáрити; страйкувáти; вражáти

string /stɹɪŋ/ • *n* вервéчка *f*, моту́зка *f*, вірьóвка *f*, шнóрка *f*; рядóк *m*; струнá *f*

striped /stɹaɪpt/ • *adj* смугáстий

strong /stɹɒŋ, ʃtɹɒŋ/ • *adj* си́льний, мíцний

struck (*sp/pp*) ▷ STRIKE

structure /stɹʌktʃə(ɹ), ˈstɹʌktʃəʳ/ • *n* структу́ра *f* (*struktúra*)

struggle /ˈstrʌgl/ • *n* боротьба́ *f*, бій *m*, би́тва *f* • *v* боро́тися *(borótysja)*, би́тися *(bytysja)*

strung *(sp/pp)* ▷ STRING

stuck *(sp/pp)* ▷ STICK

student /ˈstju:dənt, ˈstu.dn̩t/ • *n* студе́нт *m*, студе́нтка *f*

study /ˈstʌdi/ • *v* вчи́ти, учи́ти; вчи́тися, учи́тися, навча́тися

stung *(sp/pp)* ▷ STING

stunk *(sp/pp)* ▷ STINK

stupid /ˈstju:pɪd, ˈst(j)upɪd/ • *adj* дурни́й, тупи́й

subject /ˈsʌb.dʒekt, ˈsʌb.dʒɪkt/ • *n* пі́дмет *m*, суб'є́кт *m* **~ive** • *adj* суб'єкти́вний

submit /səbˈmɪt/ • *v* кори́тися; передава́ти на ро́згляд, пропонува́ти, висува́ти

subscriber /səbˈskraɪbəɹ/ • *n* передпла́тник *m*, передпла́тниця *f*

substitute /ˈsʌbstɪtut/ • *n* замі́на • *v* заміня́ти

suburb /ˈsʌbɜː(ɹ)b/ • *n* передмі́стя *n*, при́город *m* **~an** • *adj* примі́ський, передмі́ський, підмі́ський

success /səkˈsɛs/ • *n* у́спіх *m* **~ful** • *adj* успі́шний, вда́тний

such /sʌtʃ/ • *det* таки́й

suck /sʌk, sʊk/ • *v* смокта́ти, сса́ти

Sudan • *n* Суда́н *m*

sudden /ˈsʌdn̩/ • *adj* рапто́вий, несподі́ваний *(nespodívanyj)*, на́глий *(náhlyj)* **~ly** • *adv* рапто́во *(raptovo)*, несподі́вано *(nespodivano)*, знена́цька

suffer /ˈsʌfə, ˈsʌfəɹ/ • *v* стражда́ти, му́читися, терпі́ти; дозволя́ти **~ing** • *adj* стражда́ючий • *n* стражда́ння *n*, му́ка *f*

suffice /səˈfaɪs/ • *v* виста́чити, ви́стачити, става́ти, ста́ти, виставати, ви́стати **~ient** • *adj* доста́тній

suffix /ˈsʌfɪks/ • *n* су́фікс *m*

sugar /ˈʃʊɡə(ɹ), ˈʃʊɡəɹ/ • *n* цу́кор *m*

suggest /səˈdʒest, səɡˈdʒest/ • *v* пропонува́ти; ра́дити **~ion** • *n* пропози́ція *f*

suicide /ˈs(j)uːɹ.saɪd, ˈs(j)uːɹ.saɪd/ • *n* самого́вбство *n*, суїци́д *m*; самогу́бець *f*, самогу́бця *f*

suit /s(j)uːt, s(j)ut/ • *n* костю́м *m*; комбінезо́н; масть *f*

suitable /ˈsuːtəbl/ • *adj* підходя́щий, відпові́дний, прида́тний

suite /swiːt/ • *n* сюї́та *f*

sum /sʌm/ • *n* су́ма *f*

summary /ˈsʌməɹɪ/ • *n* пі́дсумок *m*

summer /ˈsʌmə(ɹ), ˈsʌmər/ • *n* лі́то *n*

summit /ˈsʌmɪt/ • *n* верши́на *f*, пік *m*, верхі́вка *f*; са́міт *m*, зу́стріч *f*

sun /sʌn/ • *n* со́нце *n* **~ny** • *adj* соня́чний *(sónjačnyj)*

Sunday • *n* неді́ля *f*

sung *(pp)* ▷ SING

sunk *(pp)* ▷ SINK

superior /suːˈpɪəɹɪ.ə(ɹ), suːˈpɪɹiəɹ/ • *adj* ви́щий, ста́рший; найлі́пший **~ity** • *n* перева́га, старши́нство

S

supermarket /ˌsuːpəˈmɑːkɪt/ • *n* супермáркет *m*

supernatural /ˌsuːpəˈnatʃrəl, ˌsuːpəˈnætʃərəl/ • *adj* надприрóдний

supply /səˈplaɪ/ • *v* постачати, поставка

support /səˈpɔːt, səˈpɔrt/ • *n* опóра *f*, опертя́ *n*, підпóра *f*; підтрúмка *f*, піддéржка *f* • *v* підтрúмувати, підтрúмати, піддéржувати, піддéржати

suppose /səˈpəʊz, səˈpoʊz/ • *v* припускáти, припустúти

suppress /səˈprɛs/ • *v* пригнічувати, забороняти

supreme /ˌs(j)uːˈpriːm/ • *adj* верхóвний, найвúщий

sure /ʃɔː, ʃʊəɪ/ • *adj* упéвнений; пéвний • *interj* звíсно **~ly** • *adv* звíсно, безсумнíвно

surface /ˈsɜːfɪs, ˈsɜːfɪs/ • *n* повéрхня *f*

surgeon /ˈsɜːdʒən, ˈsɜːdʒən/ • *n* хірург *m*

Suriname • *n* Суринáм *m*

surpris|e /səˈpraɪz, səˈpraɪz/ • *n* сюрпрúз *m*, несподівáнка *f* • *v* дивувати **~ing** • *adj* дúвний

surround /səˈraʊnd/ • *v* оточувати

survey /ˈsɜːveɪ, ˈsɜːveɪ/ • *n* óгляд *m*; дослíдження *n*, обстéження *n* • *v* оглядáти; обстéжувати

survive /səˈvʌɪv, səˈvaɪv/ • *v* переживати (*perežyváty*), пережити (*perežýty*), вúжити, вцілíти; виживáти

suspicio|us /səˈspɪ.ʃəs/ • *adj* підозрíлий **~n** • *n* підóзра *f*, підозрíння *n*

swallow /ˈswɒl.əʊ, ˈswɑ.loʊ/ • *n* лáстівка *f* • *v* ковтáти, глитáти

swam (*sp*) ▷ SWIM

swan /swɒn, swɑn/ • *n* лéбідь *m*

Swaziland • *n* Свазілéнд *m*

sweat /swɛt/ • *n* піт *m* • *v* (*sp* sweat, *pp* sweat) потíти

sweated (*sp/pp*) ▷ SWEAT

sweater /ˈswɛtə, ˈswɛtə/ • *n* свéтр *m*; пулóвер *m*

Swed|en • *n* Швéція *f* **~ish** • *adj* швéдський • *n* швéдська мóва *f*, швéдська *f*

sweep /swiːp/ • *v* (*sp* swept, *pp* swept) підмітáти, мести, підмести

sweet /swiːt, swit/ • *adj* солóдкий; прíсний

swept (*sp/pp*) ▷ SWEEP

swim /swɪm/ • *v* (*sp* swam, *pp* swum) плáвати, поплáвати, плисти, поплисти **~ming** • *n* плавання *n* (*plávannja*)

switch /swɪtʃ/ • *n* вимикáч *m*, перемикáч *m*, ключ *m*; стрíлка

Switzerland • *n* Швейцáрія *f*

sword /ˈprɔd, sɔːd/ • *n* меч *m*

swum (*pp*) ▷ SWIM

symbol /ˈsɪmbəl/ • *n* сúмвол *m*, знак *m*

synthesis /ˈsɪnθəsɪs/ • *n* сúнтез *m*

Syria • *n* Сúрія *f*

system /ˈsɪstəm/ • *n* системá *f*

S

T-shirt • *n* футбо́лка *f*, тені́ска *f*, ма́йка *f*

table /ˈteɪbəl/ • *n* стіл *m*; табли́ця *f*

tadpole /ˈtædpoʊl/ • *n* пуголо́вок *m*

tail /teɪl/ • *n* хвіст *m*

Taiwan • *n* Тайва́нь *m* **~ese** • *adj* тайва́нський

Tajikistan • *n* Таджикиста́н *m*

take /teɪk/ • *v* (*sp* took, *pp* taken) бра́ти, взя́ти, узя́ти **~ off** • *v* зніма́ти, зня́ти; зліта́ти, злеті́ти

taken (*pp*) ▷ TAKE

tale /teɪl/ • *n* ро́зповідь *f*

talent /ˈtælənt, ˈtælənt/ • *n* тала́нт *m*; тала́нт *m*, дар *m* **~ed** • *adj* талано́ви́тий, обдаро́ваний

talk /tɔːk, tɔk/ • *v* розмовля́ти, говори́ти **~ative** • *adj* говірли́вий, балаку́чий, говіркі́й, балакли́вий, розмо́вний

tall /tɔːl, tɔl/ • *adj* висо́кий

tank /tæŋk/ • *n* бак *m*; танк *m*

Tanzania • *n* Танза́нія *f*

tap /tæp/ • *n* кран *m* (*kran*)

tape /teɪp/ • *n* стрі́чка *f* (*strička*)

target /ˈtɑːgɪt, tɑːgɪt/ • *n* мішень *f* (*mišeň*)

task /tɑːsk, tæsk/ • *n* завда́ння *n*, зада́ча *f*

taste /teɪst/ • *n* смак *m* • *v* смакува́ти, спро́бувати

taught (*sp/pp*) ▷ TEACH

tax /tæks/ • *n* пода́ток *m*

taxi /ˈtæk.si/ • *n* таксі́ *n*, таксі́вка *f*

tea /ti, tiː/ • *n* чай *m*; ча́шка чай *f* **~pot** • *n* ча́йник *m*

teach /tiːtʃ/ • *v* (*sp* taught, *pp* taught) вчи́ти, виклада́ти **~er** • *n* учи́тель *m*, вчи́тель *m*, виклада́ч *m*; учи́телька *f*, вчи́телька *f*, виклада́чка *f*

team /tiːm/ • *n* кома́нда *f*

tear /tɛə, tɛɚ/ • *n* сльоза́ *f* • *v* (*sp* tore, *pp* torn) рва́ти, де́рти

technique /tɛkˈniːk/ • *n* те́хніка *f*

technology /tɛkˈnɒlədʒi, tɛkˈnɑːlədʒi/ • *n* техноло́гія *f*, те́хніка *f*

teenager /ˈtiːnˌeɪ.dʒə(ɹ)/ • *n* підлі́ток *m*

teeth (*pl*) ▷ TOOTH

telephone /ˈtɛlɪfoʊn, ˈtɛləfoʊn/ • *n* телефо́н *m* • *v* дзвони́ти, подзвони́ти, телефонува́ти

telescope /ˈtɛlɪskoʊp, ˈtɛləˌskoʊp/ • *n* телеско́п *m*

television /ˈtɛlɪˌvɪʒən/ • *n* телеба́чення *n*, телеві́зія *f*; телеві́зор *m*

tell /tɛl/ • *v* (*sp* told, *pp* told) розповіда́ти, говори́ти, каза́ти, сказа́ти

temperature /ˈtɛmp(ə)ɹətʃə(ɹ)/ • *n* температу́ра *f*

temple /ˈtɛmp(ə)l/ • *n* храм *m*; скро́ня *f*, висо́к *m*

temporary /ˈtɛmpəɹəɹi, ˈtɛmpəˌɹɛɹi/ • *adj* тимчасо́вий

tempt /tɛmpt/ • *v* спокуша́ти, прива́блювати

ten /tɛn, tɪn/ • *num* де́сять, де́сятеро

T

tend /tɛnd/ • *v* ма́ти тенде́нцію, схиля́тися

tennis /ˈtɛ.nɪs/ • *n* те́ніс *m* **~ player** • *n* тенісист *m*, тенісистка *f*

tense /tɛns/ • *adj* напружений; тугий, натя́гнутий • *n* час *m*

tent /tɛnt, tɪnt/ • *n* пала́тка *f*, наме́т *m*, шатро́ *n*

term /tɜːm, tɜ́m/ • *n* умо́ва; те́рмін; відно́сини; симе́стр, чверть, триме́стр; строк *m*

termination /təmɪˈneɪʃən/ • *n* закі́нчення *n*

terrible /ˈtɛ.rə.bl/ • *adj* жахли́вий, стра́шний; грі́зний

territory /ˈtɛ.rɪ.tɔ.ri, ˈtɛrɪtr(ə)ri/ • *n* терито́рія *f*

terrorism /ˈtɛrərɪzəm/ • *n* терори́зм *m* **~t** • *adj* терористи́чний • *n* терори́ст *m*

test /tɛst, tɛst/ • *n* тест *m*, випро́бування *n*; екза́мен *m* • *v* випро́бовувати, тестува́ти

text /tɛkst/ • *n* текст *m* **~book** • *n* підру́чник *m*

Thailand • *n* Таїла́нд *m* **~** • *n* та́йська мо́ва *f*, та́йська *f*

than /ðæn, ðən/ • *prep* ніж

thank /θæŋk/ • *v* дя́кувати, подя́кувати **~ful** • *adj* вдя́чний **~s** • *interj* дя́кую, спаси́бі

that /ðæt, ðɛt/ • *conj* що • *det* той *m*

theater /ˈθi(ə)tər, ˈθi.eɪ.tər/ • *n* теа́тр *m*

theatre *(British)* ▷ THEATER

theft /θɛft/ • *n* краді́жка *f*, покра́жа *f*, крáдіж *m*

their /ðɛə(ɹ), ðɛr/ • *det* їх **~s** • *pron* їх *(jix)*

them /ðɛm, ðəm/ • *pron* їх, їм **~selves** • *pron* себе́; вони́ сами́, вони́ самі́

then /ðɛn, ðən/ • *adv* тоді́; по́тім; тоді́ *(todi)*

theory /ˈθɪəɹi, ˈθiːəɹi/ • *n* тео́рія *f* **~etical** • *adj* теорети́чний *m*

therapy /ˈθɛɹ.ə.pi/ • *n* терапі́я *f*, лікува́ння *n*

there /ðɛə(ɹ), ðɛr/ • *adv* там; туди́ **~by** • *adv* таки́м чи́ном **~fore** • *adv* тому́, зати́м; о́тже

these /ðiːz, ðɪz/ • *det* ці *(ci)*

they /ðeɪ/ • *pron* вони́

thick /θɪk, θɛk/ • *adj* то́встий

thief /θiːf/ • *n* злоді́й *m*, злоді́йка *f*

thigh /θaɪ/ • *n* стегно́ *n*

thin /θɪn/ • *adj* тонки́й

thing /θɪŋ/ • *n* річ *f*

think /θɪŋk/ • *v* ду́мати, ми́слити

third /θɜːd, θɜ́d/ • *adj* тре́тій • *n* трети́на *f*; те́рція *f*

thirst /θɜːst, θɜ́st/ • *n* спра́га, жа́га *f*, сма́га *f* **~y** • *adj* спра́глий

thirteen /ˈθɜː.tiːn, ˈθɜ́(t).tin/ • *num* трина́дцять

thirty /ˈθɜː.ti, ˈθɜ́ti/ • *num* три́дцять, три́йцять

this /ðɪs/ • *det* цей, ця *f*, це *n*, ці • *pron (pl* these) цей *m*, це

though /ðəʊ, ðoʊ/ • *adv* тим не менш *(tym ne mensh)* • *conj* хоча́

thought /θɔːt, θɔt/ ● *n* ду́мка *f*

thousand /ˈθaʊz(ə)nd/ ● *num* ти́сяча *f*

thread /θɹɛd/ ● *n* ни́тка *f*

threat /θɹɛt/ ● *n* погро́за *f*, загро́за *f*; небезпе́ка *f* **~en** ● *v* погро́жувати

three /θɹiː, θɹi/ ● *n* трі́йка *f*; *num* три, тро́є

threshold /ˈθɹɛʃ(h)əʊld, ˈθɹɛʃ(h)əʊld/ ● *n* порі́г *m*

threw *(sp)* ▷ THROW

throat /θɹəʊt, θɹɔʊt/ ● *n* го́рло *n*

through /θɹuː, θɹu/ ● *prep* че́рез, крізь, пе́рез **~out** ● *adv* всю́ди ● *prep* по всьо́му, через

throw /θɹəʊ, θɹɔʊ/ ● *v* (*sp* threw, *pp* thrown) кида́ти

thrown *(pp)* ▷ THROW

thumb /θʌm/ ● *n* вели́кий па́лець

thunder /ˈθʌndə, ˈθʌndɚ/ ● *n* грім *m*

Thursday ● *n* четве́р

thus /ˈðʌs/ ● *adv* так, таки́м чи́ном; отже́'

tick /tɪk/ ● *n* кліщ *m*

ticket /ˈtɪkɪt/ ● *n* квито́к *m*, білє́т *m*

tide /taɪd, taːd/ ● *n* прили́в *m* *(prylýv)*, відли́в *m* *(vidlýv)*

tie /taɪ/ ● *n* зв'язо́к ● *v* зв'я́зувати, зв'яза́ти, зав'я́зувати, прив'я́зувати, прив'яза́ти ● *(also)* ▷ NECKTIE

tiger /ˈtaɪɡə, ˈtaɪɡɚ/ ● *n* тигр *m*

tile /taɪl/ ● *n* плитка *f*

time /taɪm, taɛm/ ● *n* раз *m*; час *m*; строк *m*, те́рмін *m*; годи́на *f*

tin /tɪn/ ● *n* о́лово; бляша́нка *f*, консе́рва *f*

tiny /ˈtaɪni/ ● *adj* крихітний, малю́сінький

tip /tɪp/ ● *n* чайові́

tir|e /ˈtaɪə(ɹ), ˈtaɪɚ/ ● *v* уто́млюватися, утомля́тися, утоми́тися **~ing** ● *adj* сто́мливий **~ed** ● *adj* вто́млений

tissue /ˈtɪʃu, ˈtɪʃuː/ ● *n* серве́тка *f*

tit /tɪt/ ● *n* ци́цька *f*

title /ˈtaɪtl/ ● *n* ти́тул, зва́ння *n*; на́зва *f*

to /tuː, tu/ ● *part* -ати *(-aty)*, -яти *(-jaty)*, -ти *(-ty)*, -іти *(-ity)*, -ити *(-yty)* ● *prep* на, в, до

toad /toʊd, təʊd/ ● *n* ропу́ха *f*, жа́ба *f*

tobacco /təˈbækoʊ/ ● *n* тютю́н *m*

today /təˈdeɪ/ ● *adv* сього́дні

toe /təʊ, toʊ/ ● *n* па́лець *m*, па́лець нога́ *m*

together /tʊˈɡɛð.ə(ɹ), tʊˈɡɛðɚ/ ● *adv* ра́зом, спі́льно

Togo ● *n* То́го *f*

toilet /ˈtɔɪlət/ ● *n* туале́т *m*, вбира́льня *f*, вихо́док; уніта́з *m*

Tokyo ● *n* То́кіо *m*

told *(sp/pp)* ▷ TELL

tomato /təˈmætoʊ, təˈmɑːtəʊ/ ● *n* помідо́р *m*, тома́т *m*

tomorrow /təˈmɒɹəʊ, təˈmɒɹoʊ/ ● *adv* за́втра ● *n* за́втра *n*

ton /tʌn/ ● *n* то́нна *f*

tone /təʊn, toʊn/ ● *n* тон *m*

tongue /tʌŋ, tʊŋ/ ● *n* язи́к *m*

T

tonight /təˈnait/ • *adv* сього́дні увече́рі; сього́дні уночі, сього́дні ні́ччю

too /tuː, tu/ • *adv* теж, тако́ж; за, на́дто, зана́дто

took *(sp)* ▷ TAKE

tool /tuːl/ • *n* інструме́нт *m*

tooth /tuːθ, tʊθ/ • *n (pl teeth)* зуб *m*

top /tɒp, tɑp/ • *n* верши́на *f*, верх *m*; дзи́ґа *f*

topic /ˈtɒpɪk, ˈtäpik/ • *n* те́ма *f*

tore *(sp)* ▷ TEAR

torn *(pp)* ▷ TEAR

torture /ˈtɔːtʃə, ˈtɔːtʃə(ɪ)r/ • *n* торту́ра *f*, катува́ння *n* • *v* катува́ти, му́чити

touch /tʌtʃ/ • *n* до́тик *m* • *v* доторка́тися, торка́ти, торкну́ти, доторкну́тися; зворушуватися

touchdown /ˈtʌtʃdaʊn/ • *n* призе́млення *n*

touris|t /ˈtʊəɪst, ˈtʊ.ɪst/ • *n* тури́ст *m*, тури́стка *f* **~m** • *n* тури́зм *m*

toward /təˈwɔːd, tʊˈwɔːrd/ • *prep* до, в на́прямку; щодо

towel /taʊl/ • *n* рушни́к *n*

tower /ˈtaʊ.ə(ɪ), ˈtaʊər/ • *n* ба́шта *f*, ве́жа *f*, ви́шка *f*, те́рем *m*

town /taʊn/ • *n* мі́сто *n*

toxic /ˈtɒk.sɪk, ˈtɑk.sɪk/ • *adj* отру́йний, токси́чний

toy /tɔɪ/ • *n* і́грашка *f*, ца́цка *f*

track /tɹæk/ • *n* слід *m*; шлях *m*, путь *m*, доро́га *f*, тра́са *f*, сте́жка *f*; трек

trade /tɹeɪd/ • *n* торгі́вля *f*, коме́рція *f* **~r** • *n* торго́вець *m*, крама́р *m*, кра́мар *m*

tradition /tɹəˈdɪʃən/ • *n* тради́ція *f* **~al** • *adj* традиці́йний *(tradycijnyj)*

traffic /ˈtɹæfɪk/ • *n* рух *m*

tragedy /ˈtɹædʒɪdi/ • *n* траге́дія *f*, неща́стя *n*, го́ре *n*, біда́ *f*

trail /tɹeɪl/ • *n* слід; сте́жка, стежи́на *f*, стежи́нка *f* • *v* переслі́дувати; тягти

trailer /ˈtɹeɪlə(ɪ), ˈtreɪlə/ • *n* при́чіп *m*, приче́п *m*, тре́йлер *m*

train /tɹeɪn/ • *n* по́їзд *m* **~er** • *n* тре́нер *m*

trait /tɹeɪ, tɹeɪt/ • *n* ри́са *f*

transcription /tɹænˈskɹɪpʃən/ • *n* транскри́пція *f*

translat|e /tɹɑːnzˈleɪt, ˈtɹænzleɪt/ • *v* переклада́ти, перекла́сти, переводи́ти, перевести́ **~ion** • *n* перекла́д *m* **~or** • *n* переклада́ч *m*, переклада́чка *f*

transparen|t /tɹænˈt(s)ˈpæɹənt, tɹæn(t)sˈpɛɹənt/ • *adj* прозо́рий **~cy** • *n* прозо́рість *f*

transportation /ˌtɹænspɔːˈteɪʃən, ˌtɹænspəˈteɪʃən/ • *n* переве́зення *n*; тра́нспорт *m*

trap /tɹæp/ • *n* па́стка *f*, ха́пка *f*

trauma /ˈtɹɔːmə, ˈtɹɑːmə/ • *n* тра́вма *f*

travel /ˈtɹævəl/ • *n* по́дорож *f*, поїздка *f* • *v* подоро́жувати, мандрува́ти, ї́здити **~ler** • *n* мандрівник *m*

tray /tɹeɪ/ • *n* підно́с *m*, та́ця *f*

treasure /ˈtɹɛʒə, ˈtɹɛʒə/ • *n* скарб *m*

treat /tɹiːt/ • *v* зверта́тися; пригоща́ти, частува́ти; лікува́ти **~ment** • *n* зве́рнення *n*; лікува́ння *n*
tree /tɹiː, tɹɪ/ • *n* де́рево *n*
trial /ˈtɹaɪəl/ • *n* випробува́ння *n*; суд, ро́згляд, проце́с *m* • *v* оці́нка, про́ба
tribe /tɹaɪb/ • *n* плє́м'я *n*, рід *m*
tribunal /tɹaɪˈbjuːnəl, tɹaɪˈbjuːnəl/ • *n* трибуна́л *m*, суд *m*
trillion /ˈtɹɪljən/ • *num* трильйо́н *m*
trip /tɹɪp/ • *n* поїздка *f*, по́дорож *f*
troop /tɹuːp/ • *n* ві́йсько
trophy /ˈtɹoʊfi/ • *n* трофє́й *m*; трофей *m*
trouble /ˈtɹʌb(ə)l/ • *n* хале́па
trout /tɹaʊt, tɹʌʊt/ • *n* форель *f* (forel')
truck /tɹʌk/ • *n* грузови́к *m*, вантажі́вка *f*
true /tɹuː, tɹɪ/ • *adj* ві́рний, і́стинний, правди́вий
trunk /tɹʌŋk/ • *n* ствол *m*; скри́ня *f*, ку́фер *m*, кофр *m*; хо́бот *m*; бага́жник *m*
trust /tɹʌst/ • *n* дові́ра *f*, дові́р'я *n*; ві́ра; трест *m* • *v* дові́ряти
truth /tɹuːθ/ • *n* ві́рність *f*; пра́вда *f*, і́стина *f*
try /tɹaɪ/ • *v* про́бувати, стара́тися, намага́тися **~ sth on** • *v* приміряти **~ sth out** • *v* про́бувати, спро́бувати, експеременува́ти
tsunami /suːˈnɑːmi, suˈnɑmi/ • *n* цуна́мі *f*
Tuesday • *n* вівто́рок *m*

tumor /ˈtjuːmə, tuːˈməɹ/ • *n* пухли́на *f*, о́пух *m*
tune /tjuːn, t(j)un/ • *n* меló́дія *f*
Tunisia • *n* Туні́с *m*
tunnel /ˈtʌn(ə)l/ • *n* тунє́ль *m*
turkey /ˈtɜːki, ˈtɜːki/ • *n* інди́к *m*, інди́чка *f*
Turk|ey /ˈtɜːki, ˈtɜːki/ • *n* Туре́ччина *f* **~ish** • *adj* туре́цький • *n* туре́цька *f*
Turkmenistan • *n* Туркменіста́н *m*, Туркме́нія *f*
turn /tɜːn, tʃn/ • *n* поворот; оберт; виток; черга • *v* повертати, обертати; поверта́ти, поверну́ти; заверта́ти **~ sth off** • *v* вимика́ти, ви́мкнути **~ sth on** • *v* вмикати, включати **in ~** • *phr* послідо́вно, по чє́рзі; в свою́ чє́ргу
TV • *n* ТБ *n*
twelve /twɛlv/ • *num* двана́дцять
twent|y /ˈtwɛnti, ˈtwʌnti/ • *num* два́дцять **~ieth** • *adj* двадця́тий
twice /twaɪs/ • *adv* дві́чі (dvichi)
twin /twɪn/ • *n* близню́к *m*
twist /twɪst/ • *v* кривити (kryvỵ́ty)
two /tuː, tu/ • *n* дві́йка *f* • *num* два *m*, дві *f*, дво́є, дві́йко, дві́єчко
type /taɪp/ • *n* тип *m*, вид *m*, рід *m* **~writer** • *n* дрyка́рська маши́нка *f*
typography /taɪˈpɒɡɹəfi, taɪˈpɑːɡɹəfi/ • *n* типографія *f*

tyre /taɪə(ɹ)/ • *n* ши́на *f*,
автоши́на *f*

U

UAE *(abbr)* ▷ UNITED ARAB
EMIRATES

UFO • *n* *(abbr* Unidentified
Flying Object) НЛО

Uganda • *n* Уга́нда *f*

ugly /ˈʌɡli/ • *adj* бридки́й,
потво́рний, пога́ний,
нега́рний, некраси́вий

UK *(abbr)* ▷ UNITED KINGDOM

Ukrain|e • *n* Украї́на *f* **~ian** •
adj украї́нський • *n*
украї́нець *m*, украї́нка *f*,
украї́нці, украї́нки;
украї́нська мо́ва *f*,
украї́нська *f*

umbrella /ʌmˈbɹɛlə/ • *n*
парасо́лька *f*

unacceptable /ˌʌn.æk.ˈsɛp.tə.bḷ/ •
adj неприйня́тний,
неприпусти́мий,
недопусти́мий

uncle /ˈʌŋ.kəl/ • *n* дя́дько *m*

uncomfortable /ʌnˈkʌm.fə.tə.bəl,
ʌnˈkʌmf.tə.bəl/ • *adj*
незру́чний

under /ˈʌndə(ɹ), ˈʌndəɹ/ • *prep* під

underground • *adj*
андергра́ундовий *m*,
андергра́ундовий *m* • *n*
андергра́унд *m*, андегра́унд
m

undermine /ʌndəˈmaɪn/ • *v*
підрива́ти, підірва́ти

understand /(ˌ)ʌndəˈstænd,
ˌʌndəˈstænd/ • *v* розумі́ти,
зрозумі́ти **~ing** • *n*
розумі́ння *n*, зрозумі́ння *n*

undertake /ʌndəˈteɪk/ • *v*
роби́ти, здійснювати,
розпочина́ти, бра́тися;
руча́тися, гарантува́ти

underwear /ˈʌndəwɛɪ, ˈʌndəwɛə/
• *n* ни́жня білизна́ *f*

unearthly /ʌnˈɜːθ.li, ʌnˈɜːθ.li/ • *adj*
незе́мний

unemploy|ed • *adj* безробі́тний
(bezrobítnyj) **~ment** • *n*
безробі́ття *n*

uneven /ʌnˈiːvən/ • *adj* нері́вний

unfair /ʌnˈfɛə, ʌnˈfɛəɹ/ • *adj*
несправедли́вий

unfortunately • *adv* на жа́ль

uniform /ˈjuːnɪfɔːm, ˈjuːnəfɔːɹm/ • *n*
фо́рма *f*

unification • *n* об'є́днання *n*

union /ˈjuːnjən/ • *n* сою́з *m*

unit /ˈjuːnɪt/ • *n* одини́ця

unite /juˈnaɪt/ • *v* об'є́днувати,
об'єдна́ти

United Arab Emirates • *n*
Об'є́днані Ара́бські Еміра́ти

United Kingdom • *n* Сполу́чене
Королі́вство *n*

United States • *n* Сполу́чені
Шта́ти, ЗША, Аме́рика *f*

universe /ˈjuːnɪ vɜːs, ˈjuːnə vɜ́s/ • *n*
всесві́т *m*, Всесві́т *m*

university /juːnɪˈvɜːsəti:,
juniˈvɜ́səti/ • *n* університе́т *m*

unknown /ʌnˈnəʊn, ʌnˈnoʊn/ •
adj невідо́мий, незна́ний

unless /ənˈlɛs/ • *conj* якщо́ не

unlikely /ʌnˈlaɪkli/ ● *adv* навря́д, навря́д чи

unnecessary /ʌnˈnɛ.sə.s(ə).ɹɪ, ʌnˈnɛ.sə.sɛ.ɹi/ ● *adj* непотрі́бний

unreliable ● *adj* ненаді́йний

until /ʌnˈtɪl/ ● *conj* допо́ки, по́ки ● *prep* до; не ра́ніше

unusual /ʌnˈjuːʒuəl/ ● *adj* незви́чний, незвича́йний

up /ʌp, ap/ ● *adv* вго́ру *(vhóru)*, дого́ри *(dohorý)*, вго́рі *(vhorí)*

update /ˈʌp.deɪt, əpˈdeɪt/ ● *v* актуалізува́ти, оновлюва́ти

upgrade /ˈʌp.ɡɹeɪd, əpˈɡɹeɪd/ ● *v* онови́ти

upon /əˈpɒn, əˈpɑn/ ● *prep* на; по; пі́сля

upper /ˈʌpə, ˈʌpɚ/ ● *adj* ве́рхній

upstairs /ˌʌpˈstɛɹz, ˌʌpˈstɛəz/ ● *adv* вго́рі

Uranus ● *n* Ура́н *m*

urban /ˈɜːbən, ˈɜbən/ ● *adj* місь́кий

urgent /ˈɜːdʒənt, ˈɜdʒənt/ ● *adj* терміно́вий, спі́шний, пи́льний, нега́йний

Uruguay ● *n* Уругва́й *m*

us /ʌs, əs/ ● *pron* нас *(nas)*, нам

USA *(abbr)* ▷ UNITED STATES

use /juːs, juːz/ ● *n* вжива́ння *n* ● *v* ужива́ти, вжива́ти, ужи́ти, вжи́ти, вико́ристати **~ful** ● *adj* кори́сний **~less** ● *adj* некори́сний **~r** ● *n* користува́ч *m*

usual /ˈjuːʒʊəl/ ● *adj* звича́йний **~ly** ● *adv* зазвича́й

utterly ▷ COMPLETELY

Uzbekistan ● *n* Узбекиста́н *m*

vacation /vəˈkeɪʃ(ə)n, veɪˈkeɪʃən/ ● *n* кані́кули; відпу́стка *f*

vaccine /vækˈsiːn/ ● *n* вакци́на *f*

vacuum /ˈvæ.kjuːm/ ● *v* пилосо́сити, пропилосо́сити

valley /ˈvæli/ ● *n* доли́на *f*

value /ˈvæljuː, ˈvælju/ ● *n* ці́нність *f*, ва́ртість *f*, кошт *m*; зна́чення *n*; ціна́ *f* **~able** ● *adj* ці́нний

van /væn/ ● *n* фурго́н *m*; ваго́н *m*

vanish /ˈvænɪʃ/ ● *v* зникати *(znikáty)*

variable /ˈvɛəɹ.i.ə.bl̩, ˈvæɹ.i.ə.bl̩/ ● *n* змі́нна *f* **~ety** ● *n* різновид; різноманітність; різновид мови *m*, форма мови *f*, форма існування мови *f* **~ous** ● *adj* рі́зний, різномані́тний

Vatican City ● *n* Ватика́н *m*

vegetable /ˈvɛʤtəbəl, ˈvɛʤətəbəl/ ● *n* о́воч *m*

vehicle /ˈviː.ɹ.kəl, ˈvɪ.ə.kəl/ ● *n* тра́нспортний за́сіб *m*

vein /veɪn/ ● *n* ве́на *f*, жи́ла *f*

Venezuela ● *n* Венесуе́ла *f*

Venus ● *n* Вене́ра *f*

verb /vɜb, vɜːb/ ● *n* дієсло́во *n* **~al** ● *adj* слове́сний, верба́льний

verse /vɜs, vɜːs/ ● *n* вірш *m*

version /ˈvɜʒən, ˈvɜːʒən/ ● *n* перекла́д *m*

vertical /ˈvɜːtɪkəl, ˈvɜtɪkəl/ • *adj* вертика́льний, прямови́сний

very /ˈvɛɹi/ • *adv* ду́же

veteran /ˈvɛ.tə.ɹən/ • *n* ветера́н *m*

vice /vaɪs/ • *n* нецно́та *f*, ва́да *f*, ґандж *m*, хи́ба *f*, поро́к *m*

victim /ˈvɪktɪm, ˈvɪktəm/ • *n* же́ртва *f*, офіра *f*; потерпі́лий *m*

victory /ˈvɪkt(ə)ɹi/ • *n* перемо́га *f*

video /ˈvɪdɪˌoʊ/ • *n* ві́део *n*

Vienna • *n* Ві́день *f*

Vietnam • *n* В'єтна́м *m* **~ese** • *adj* в'єтна́мський • *n* в'єтна́мець *m*, в'єтна́мка *f*; в'єтна́мська мо́ва *f*, в'єтна́мська *f*

view /vjuː/ • *n* ви́гляд, вид; по́гляд; то́чка зо́ру • *v* диви́тися **~er** • *n* гляда́ч *m*, гляда́чка *f*; телегляда́ч *m*, телегляда́чка *f*; переглядач *m*

village /ˈvɪlɪdʒ/ • *n* село́ *n*

violate /ˈvaɪəˌleɪt/ • *v* пору́шувати; ґвалтува́ти

violence /ˈvaɪələns, ˈvaɪəˌlɛns/ • *n* наси́льство *n*, наси́лля *n*, ґвалт *m*

virtual /ˈvɜːtʃuəl, ˈvɜtʃuəl/ • *adj* як би (ják by); віртуа́льний (virtuál'nyj) **~ reality** • *n* віртуа́льна реа́льність *f* (virtuál'na reál'nist')

virtue /ˈvɜːˌtjuː/ • *n* цнотли́вість *f*, доброче́сність *f*

virus /ˈvaɪ(ə)ɹɪs/ • *n* ві́рус *m*; комп'ю́терний ві́рус *m*

visa /ˈviːzə/ • *n* ві́за *f*

visit /ˈvɪzɪt/ • *n* візи́т *m*, візи́та *f*, відві́дування *n* • *v* відві́дувати, відвідати

vision /ˈvɪʒ(ə)n/ • *n* зір *m*

vitamin /ˈvɪt.ə.mɪn, ˈvaɪ.tə.mɪn/ • *n* вітамі́н *m*

voice /vɔɪs/ • *n* го́лос *m*

volcano /vɒlˈkeɪnəʊ, vɑlˈkeɪnoʊ/ • *n* вулка́н *m*

volume /ˈvɒl.juːm, ˈvɑl.jum/ • *n* об'є́м *m*; го́лосність *f*, гу́чність *f*; том *m*, кни́га *f*

volunt|ary /ˈvɒ.lən.tɹi, ˈvɑ.lən.tɛ.ɹi/ • *adj* доброві́льний **~arily** • *adv* доброві́льно **~eer** • *n* доброво́лець *m*, волонте́р *m*

vote /vəʊt, voʊt/ • *n* го́лос *m*; голосува́ння *n* • *v* голосува́ти, проголосува́ти **~r** • *n* ви́борець *m*, обира́льник *m*, голосу́ючий *m*

vow /vaʊ/ • *n* кля́тва *f*, клятьба́ *f*, прися́га *f*, обіт *m*

vulture /ˈvʌltʃə, ˈvʌltʃɚ/ • *n* гриф *m*, па́дальник *m*

W

wage /weɪdʒ/ • *n* заробі́тна пла́та *f*, зарпла́та *f*, запла́та *f*

waist /weɪst/ • *n* та́лія *f*

wait /weɪt/ • *v* чека́ти, жда́ти

wait|er /ˈweɪtə, ˈweɪtɚ/ • *n*
офіціа́нт *m*, офіціа́нтка *f*,
ке́льнер *m* **~ress** • *n*
офіціа́нтка *f*, ке́льнерка *f*

wake up • *v* просипа́тися

walk /wɔːk, wɔk/ • *n*
прогуля́нка *f* • *v* ходи́ти, іти́,
іти́ кро́ком, гуля́ти, іти́
пі́шки **~ing** • *n* ходьба́ *f*,
хода́ *f*, ході́ння *n*, хідня́ *f*

wall /wɔːl, wɔl/ • *n* стіна́ *f*, мур *m*

want /wɒnt, wɑnt/ • *v* хоті́ти,
бажа́ти

war /wɔː, wɔr/ • *n* війна́ *f* **~rior**
• *n* воя́к *m*, во́їн *m*, бо́єць *m*

ward /wɔːd, wɔrd/ • *n* прихо́д *m*

wardrobe /ˈwɔːdɹəʊb, ˈwɔːdɹoʊb/
• *n* ша́фа *f*

warehouse • *n* склад *m*

warm /wɔːm, wɔrm/ • *adj*
те́плий • *v* грі́ти, нагріва́ти,
підігріва́ти

warn /wɔːn, wɔrn/ • *v*
попереджува́ти,
попереди́ти **~ing** • *n*
попере́дження *n*

Warsaw • *n* Варша́ва *f*

wary /ˈwɛəɹi/ • *adj* обере́жний

was *(sp)* ▷ BE

wash /wɒʃ, wɔʃ/ • *n* миття́,
пра́ння • *v* ми́ти, пра́ти;
ми́тися **~ing machine** • *n*
пра́льна маши́на *f*

wasp /wɒsp, wɑsp/ • *n* оса́ *f*

watch /wɒtʃ, wɔtʃ/ • *n* годи́нник
m, нару́чний годи́нник *m*;
ва́хта, чергува́ння; сторо́жа,
ва́рта *f*, карау́л *m*, ча́ти • *v*
диви́тися, спостеріга́ти

water /ˈwɔːtə, ˈwɔtɚ/ • *n* вода́ *f* • *v*
v сльози́тися

wave /weɪv/ • *n* хви́ля *f* • *v*
майорі́ти; маха́ти

way /weɪ/ • *n* шлях *m* **by the ~** •
phr до ре́чі

we /wiː, wi/ • *pron* ми

weak /wiːk/ • *adj* слабки́й,
сла́бий **~ness** • *n* сла́бість *f*,
слабкість *f*

wealth /wɛlθ/ • *n* бага́тство *n*
~y • *adj* бага́тий

weapon /ˈwɛpən/ • *n* збро́я *f*

wear /wɛə, wɛə(ɹ)/ • *n* о́дяг;
зно́шування • *v* *(sp* wore, *pp*
worn) носи́ти, надяга́ти,
наді́ти; зно́шуватися

weasel /ˈwiːz(ə)l, ˈwizəl/ • *n*
ла́ска *f*

weather /ˈwɛðə, ˈwɛðɚ/ • *n*
пого́да *f*

weave /wiːv/ • *v* *(sp* wove, *pp*
woven) тка́ти, плести́

web /wɛb/ • *n* мере́жа *f*; веб *m*
~site • *n* веб-са́йт *m*, сайт *m*,
веб-сторі́нка *f*

wedding /ˈwɛdɪŋ/ • *n* весі́лля *n*

Wednesday • *n* середа́ *f*

week /wik, wiːk/ • *n* ти́ждень *m*
~end • *n* вихідні́, уїк-е́нд *m*

weep /wiːp/ • *v* *(sp* wept, *pp*
wept) пла́кати

weigh /weɪ/ • *v* зва́жувати,
зва́жити; ва́жити **~t** • *n*
ва́га *f*

welcome /ˈwɛlkəm/ • *interj*
ласка́во про́симо! • *n*
віта́ння *n* • *v* віта́ти

well /wɛl/ • *adv* до́бре, га́рно •
interj ну • *n* коло́дязь *m*,
крини́ця *f* **~-being** • *n*
благополу́ччя *n*

went *(sp)* ▷ GO

W

wept *(sp/pp)* ▷ WEEP

were *(sp)* ▷ BE

west /wɛst/ • *adj* за́хідний *m* • *n* за́хід *m* **~ern** • *adj* за́хідний

wet /wɛt/ • *adj* мо́крий, воло́гий; дощови́тий; дощови́й • *v (sp* wet, *pp* wet) мочити *(мочи́ти)*, змо́чувати *(змо́чувати)*; мо́кнути *(мо́кнути)*, змо́кнути *(змо́кнути)*

wetted *(sp/pp)* ▷ WET

whale /weɪl, ʍeɪl/ • *n* кит *m*

what /wɒt, ʍɒt/ • *pron* що; яки́й

whatever /wɒt'ɛvə, ʍʌt'ɛvə/ • *det* будь-яки́й; щоб не

wheat /wi:t, ʍi:t/ • *n* пшени́ця *f*

wheel /wi:l/ • *n* колесо *n (кólеso)*, коло *n (кóло)*; штурва́л *m* **~chair** • *n* інвалі́дний візо́к *m*, крі́сло-кала́ка *n*

when /wɛn, ʍɪn/ • *adv* коли́ **~ever** • *conj* коли б не; щоразу

where /wɛə(ɹ), ʍɛə/ • *adv* де; куди́; зві́дки • *conj* де, куди́; куди́ **~as** • *conj* нато́мість, тоді́ як, в той час як

whether /'wɛðə(ɹ), 'ʍɛðə(ɹ)/ • *conj* чи

which /wɪtʃ, ʍɪtʃ/ • *det* котри́й, яки́й

while /ʍaɪl/ • *conj* по́ки, до́ки, під ча́с, у той час як

whip /wɪp, ʍɪp/ • *n* батіг *m*, бич *m*, нага́йка *f* • *v* шмага́ти, поро́ти, сікти́, лупцюва́ти, бато́жити, ви́шмагати, відшмага́ти

whiskey /'wɪski, 'ʍɪski/ • *n* ві́скі *n*

whisper /'(h)wɪspə, '(h)wɪspə/ • *n* шепіт *m* • *v* шепта́ти, шепну́ти

whistle /wɪsl/ • *n* свист *m*, свисто́к *m*, сюрчо́к *m*; свисто *m* • *v* свисті́ти, сюрча́ти

white /waɪt, ʍaɪt/ • *adj* бі́лий

who /hu:/ • *pron* хто **~m** • *pron* кого́, кому́; ким; ко́трого **~se** • *det* чий *(чуj)*

whole /həʊl, hoʊl/ • *adj* ці́лий, по́вний • *adv* цілко́м • *n* ці́ле

why /ʍaɪ/ • *adv* чому́

wid|e /waɪd, wɑɪd/ • *adj* широ́кий; вели́кий, просто́рий • *adv* ши́роко **~ely** • *adv* широко *(ши́роко)*; далеко *(далéко)* **~espread** • *adj* широко поши́рений **~th** • *n* ширина́ *f*

widow /'wɪ.dəʊ, 'wɪ.doʊ/ • *n* вдова́ *f*, удова́ *f*, вдови́ця *f*, удови́ця *f* **~er** • *n* вдіве́ць *m*

wife /waɪf/ • *n (pl* wives) дружи́на *f*, жі́нка *f*, супру́га *f*

wild /waɪld/ • *adj* ди́кий

will /wɪl/ • *n* во́ля *f*; заповіт *m* • *v* e.g. "I will walk": **~ing** • *adj* гото́вий, охо́чий

win /wɪn/ • *v (sp* won, *pp* won) перемага́ти, перемогти́ **~ner** • *n* перемо́жець *m*

wind /wɪnd, 'waɪnd/ • *n* ві́тер *m*

window /'wɪndəʊ, 'wɪndoʊ/ • *n* вікно́ *n*

wine /waɪn/ • *n* вино́ *n*

wing /wɪŋ/ • *n* крило *n*

winter /ˈwɪntə, ˈwɪntɚ/ • *n* зима *f*

wipe /waɪp/ • *v* витира́ти, ви́терти

wire /waɪə(r), ˈwaɪɚ/ • *n* про́від *m*, дріт *m*

wis|e /waɪz/ • *adj* му́дрий **~dom** • *n* му́дрість *f*

wish /wɪʃ/ • *n* бажа́ння *n* • *v* бажа́ти, побажа́ти

with /wɪð, wɪθ/ • *prep* з (z) **~in** • *prep* всереди́ні, у межа́х **~out** • *prep* без

witness /ˈwɪtnəs/ • *n* сві́док *m*, сві́дчий *m*

wives (*pl*) ▷ WIFE

wolf /wʊlf, wʌlf/ • *n* (*pl* wolves) вовк *m*

woman /ˈwʊmən/ • *n* (*pl* women) жі́нка *f*, жона́ *f*, ба́ба *f*

womb /wuːm/ • *n* ма́тка *f*, утро́ба *f*, че́рево *n*

women (*pl*) ▷ WOMAN

won (*sp/pp*) ▷ WIN

wonder /ˈwʌndə, ˈwʌndɚ/ • *n* чудо *n* (*čúdo*), диво *n* (*dývo*) • *v* дивува́тися, ціка́витися **~ful** • *adj* вражаючий, чудовий

wood /wʊd/ • *n* де́рево *n*, деревина́, ліс; дро́ва **~pecker** • *n* дя́тел *m*

wool /wʊl/ • *n* во́вна *f*, шерсть *f*; пря́жа *f*

word /wɜːd, wɜːd/ • *n* сло́во *n*

wore (*sp*) ▷ WEAR

work /wɜːk, wɜːk/ • *n* робо́та *f*, пра́ця *f* • *v* працюва́ти, труди́тися, роби́ти **~er** • *n* робітни́к *m*, робітни́ця *f*, працівни́к *m*, працівни́ця *f*,

трудя́щий *m*, трудящий *f* **~force** • *n* робо́ча си́ла **~shop** • *n* майсте́рня *f*

world /wɜːld, wɜːld/ • *n* світ *m* **~wide** • *adj* світовий

worm /wɜːm, wɜːm/ • *n* черв'я́к *m*, черв *m*, хробак *m*; негідник *m*

worn (*pp*) ▷ WEAR

worr|y /ˈwʌɹi, ˈwʌɹi/ • *v* турбува́тися, триво́житися, непоко́їтися, хвилюва́тися **~ying** • *adj* хвилю́ючий **~ied** • *adj* стурбо́ваний, занепоко́єний

wors|e /wɜːs, wɜːs/ • *adj* гі́рший • *adv* гі́рше **~t** • *adj* найгі́рший • *adv* найгі́рше • (*also*) ▷ GOOD

worship /ˈwɜːʃɪp, ˈwɜːʃɪp/ • *n* поклоні́ння *n*; богослужі́ння *n* • *v* поклоня́тися

worth /wɜːθ, wɜːθ/ • *adj* ва́ртий • *n* ціна́ *f*, ці́нність *f*, ва́ртість *f*

wound /wuːnd, wund/ • *n* ра́на *f* • (*also*) ▷ WIND

wove (*sp*) ▷ WEAVE

woven (*pp*) ▷ WEAVE

wrinkle • *n* змо́ршка *f*

wrist /ɹɪst/ • *n* зап'я́стя *n*

writ|e /ɹaɪt/ • *v* (*sp* wrote, *pp* written) писа́ти, написа́ти **~er** • *n* письме́нник *m* **~ing** • *n* писемність *f*; письмо́ *n*; твір *m*; по́черк *m*

written /ˈɹɪtn/ • *adj* напи́саний, письме́нний, письмо́вий • (*also*) ▷ WRITE

wrong /ɹɒŋ, ɹɔŋ/ • *adj* непра́вильний

wrote (*sp*) ▷ WRITE

W

X-ray • *n* рентге́н *m*
xylophone /ˈzaɪ.lə.ˌfəʊn,
  ˈzaɪləˌfoʊn/ • *n* ксилофо́н *m*

yard /jɑːd, jɑɪd/ • *n* двір *m*,
  дво́рик *m*; ярд *m*
yeah /jɛə/ • *interj* так! • *part* егé
year /jɪə, juɪ/ • *n* рік *m (rik)*;
  клас, курс **~ly** • *adj*
  щорі́чний *m (shchorichny)* •
  adv щорі́чно *(shchorichno)*
yeast /jiːst, iːst/ • *n* дрі́жджі
yellow /ˈjɛl.əʊ, ˈjɛl.oʊ/ • *adj*
  жо́втий *m* • *n* жовтий
Yemen • *n* Ємен *m* **~i** • *adj*
  єменський
yes /jɛs/ • *part* так
yesterday /ˈjɛstədeɪ, ˈjɛstɚdeɪ/ •
  adv учо́ра, вчо́ра
yet /jɛt/ • *adv* ще, іщé, все ще;
  до́сі • *conj* алé, одна́к, все ж

yogurt /ˈjɒɡət, ˈjoʊɡɚt/ • *n*
  йо́гурт *m*, йо́ґурт *m*, юґу́рт *m*
yolk /jəʊk, joʊk/ • *n* жовто́к *m*
you /juː, ju/ • *pron* вас; ви; ти •
  v ви́кати
young /jʌŋ/ • *adj* молоди́й *m*,
  ю́ний
your /jɔː, jɔːɪ/ • *det* твій, ваш
  ~self • *pron* ти сам *m*, ти
  сама́ *f*, ви сами́, ви самі́
youth /juːθ, juθ/ • *n* мо́лодість *f*,
  ю́ність *f*, юна́цтво *n*; молода́
  люди́на *f*; юна́к *m*, па́рубок
  m, хло́пець *m*; мо́лодіж *f*,
  мо́лодь *f*
Yugoslavia • *n* Югосла́вія *f*

Zambia • *n* За́мбія *f*
zebra /ˈzɛbɹə, ˈziːbɹə/ • *n* зе́бра *f*
zero /ˈzɪəɹəʊ, ˈzɪɹ(ˌ)oʊ/ • *num*
  нуль *m*, зеро́ *n*
Zimbabwe • *n* Зімба́бве *n*
zinc /zɪŋk/ • *n* цинк *m*
zoo /zuː/ • *n* зоопа́рк *m*
Zurich • *n* Цюрих *m*

Ukrainian-English

а • *conj* and, but
абандон • *n* abandonment
аби • *conj* so
авторитет • *n* strength
ад • *n* hell
акомпанувати • *v* accompany
акт • *n* act
активувати • *v* enable
актуалізувати • *v* update
акцент • *n* accent
акцентувати • *v* accent
акціонер • *n* shareholder
алкогольний • *n* alcoholism
англійський • *n* English
архітектура • *n* architecture
асигнувати • *v* appropriate
астроном • *n* astronomer
атрамент • *n* ink

багатозначний • *adj* meaningful
багатоніжка • *n* millipede
багатство • *n* wealth
бажати • *v* fancy
бак • *n* tank
банк • *n* bank
бар • *n* bar, pub
батарея • *n* battery
батьківщина • *n* home
без • *prep* without
безглуздий • *adj* meaningless
беззмістовний • *adj* hollow
безпомічний • *adj* helpless
безробітний • *adj* unemployed
безсилий • *adj* helpless
Берн • *n* Bern
бик • *n* bull, cattle, ox

бинт • *n* bandage
битися • *v* struggle
бич • *n* whip
біб • *n* bean
біг • *n* running
біда • *n* misery
бізнес • *n* business
бій • *n* battle, fight, struggle
бік • *n* side
біль • *n* pain
більш • *adv* more
біографічний • *adj* biographical
біологія • *n* biology
біс • *n* demon, devil
біфштекс • *n* steak
благати • *v* invoke
блаженство • *n* bliss
бланк • *n* form
близько • *adv* closely
блог • *n* blog
бо • *conj* because
бог • *n* God • *n* god
Бог • *n* God
Богота • *n* Bogota
божевілля • *n* alienation
болт • *n* bolt, quarrel
борг • *n* debt, duty
боривітер • *n* kestrel
боротися • *v* struggle
борт • *n* board
бос • *n* boss
брак • *n* lack
брат • *n* brother
бриз • *n* breeze
бризкати • *v* shower
брідж • *n* bridge
бруд • *n* dirt, filth, mud
Брюссель • *n* Brussels
будівельник • *n* constructor
будувати • *v* construct

бузина • *n* elder
бульбашка • *n* bubble
бунт • *n* rebellion

в • *prep* in, into, per, to
вада • *n* flaw
вал • *n* roll
валяти • *v* full
варварський • *adj* barbarian
вас • *pron* you
ваш • *det* your
вболівальник • *n* fan
ввезти • *v* import
ввижатися • *v* appear
ввічливий • *adj* courteous
ввозити • *v* import
вгорі • *adv* up
вгору • *adv* up
вдавати • *v* pretend
вдаватися • *v* manage
веб • *n* web
велосипед • *n* bike
верх • *n* top
вершник • *n* rider
весь • *det* all • *adj* entire
вечеряти • *v* dine
ви • *pron* you
вибір • *n* choice
вибор • *n* election
виважено • *adv* deliberately
вигідний • *adj* advantageous
вигук • *n* exclamation
вид • *n* aspect, kind, scenery, sort, species, type, view

видавати • *v* publish
видаватися • *v* appear
видання • *n* issue
видимий • *adj* apparent
виділяти • *v* appropriate
видозміна • *n* modification
визволення • *n* liberation
визнавати • *v* accept
визнання • *n* credit
визначати • *v* assign, determine
виклик • *n* call
викликати • *v* invoke
виключати • *v* exclude
виконувати • *v* perform
використовувати • *v* apply
виліт • *n* departure
вимірювання • *n* measurement
вимірювати • *n* meter
вимова • *n* accent
вимовка • *n* excuse
винахід • *n* invention
виникати • *v* originate
виправдання • *n* justification
виправляти • *v* retrieve
випробовувати • *v* test
випуск • *n* issue
випускати • *v* issue
вираз • *n* expression
виразний • *adj* meaningful
вислів • *n* expression
висувати • *v* submit
витвір • *n* artwork
вити • *v* howl
витісняти • *v* displace
виток • *n* turn
вище • *adv* above
виявляти • *v* reveal
від • *prep* against, from, since
відбуватися • *v* proceed

відвідування • *n* attendance
відволікати • *v* distract
відволікти • *v* distract
віддавати • *v* give back
віддалення • *n* alienation
відданий • *adj* faithful
віддати • *v* give back
відкидати • *v* discard
відкриття • *n* discovery
відлив • *n* tide
відмінний • *adj* excellent
відмова • *n* denial
відмовлятися • *v* discard
відновлювати • *v* retrieve
відповідний • *adj* appropriate, suitable
відстоювати • *v* assert
відчуженість • *n* alienation
відчуження • *n* alienation
відчужування • *n* alienation
віз • *n* cart
військо • *n* troop
вік • *n* age, century, lifetime
вікторина • *n* quiz
віл • *n* neat, ox
він • *det* he
віра • *n* credit, trust
вірний • *adj* faithful
віртуальний • *adj* virtual
віруючий • *adj* faithful
вірш • *n* poem, verse
вістря • *n* edge
вісь • *n* axis
вітати • *interj* congratulations
вічно • *adv* forever
вкладати • *v* enclose
включати • *v* enable, turn on
власність • *n* property
властивість • *n* property
вмикати • *v* enable, turn on
вмирати • *v* pass

внебовзятие • *n* assumption
вниз • *adv* down
внук • *n* grandson
вовк • *n* wolf
вождь • *n* leader
волога • *n* damp
вологість • *n* damp
восьмий • *adj* eighth
вплив • *n* impact, influence
впливати • *v* affect
вплинути • *v* affect
вражаючий • *adj* wonderful
все • *pron* everything
всередені • *prep* within
всі • *pron* everybody
встановлювати • *v* determine
всупереч • *n* despite
всюди • *adv* throughout
втім • *adv* otherwise
втіха • *n* pleasure
вугля • *n* coal
вуянка • *n* aunt
вхід • *n* entrance
вчинок • *n* act

газ • *n* gas
гак • *n* hook
гарантувати • *v* assure
гарний • *adj* pretty
гвинт • *n* screw
гей • *interj* hey
ген • *n* gene
героїня • *n* heroine
геть • *adv* away

гід • *n* guide
гімнастика • *n* gymnastics
гінекологія • *n* gynecology
гіпс • *n* cast
гірник • *n* miner
гірший • *adj* inferior
гість • *n* guest
гнів • *n* anger
година • *adv* o'clock
гол • *n* goal
головно • *adv* mainly, primarily
гольф • *n* golf
горе • *n* distress, misery
господиня • *n* hostess
гра • *n* game, play
град • *n* hail, shower
грань • *n* edge
грати • *v* act
гриб • *n* mushroom
грим • *n* makeup
грип • *n* flu
гриф • *n* vulture
грім • *n* thunder
гріх • *n* sin
грудь • *n* breast
грязь • *n* mud
гурт • *n* band, crowd

ґава • *n* crow
ґандж • *n* vice
ґвалт • *n* violence
ґей • *adj* gay
ґрунт • *n* ground, soil

далекий • *adj* remote
далеко • *adv* widely
дань • *n* contribution
дар • *n* faculty, gift, talent
датський • *n* Danish
дах • *n* roof
два • *num* two
дві • *num* two
двір • *n* court, yard
двічі • *adv* twice
де • *adv* where
демографічний • *adj* demographic
демократичний • *adj* democratic
день • *n* day
десь • *adv* somewhere
деталь • *n* detail
джаз • *n* jazz
джекет • *n* jacket
джем • *n* jam
джміль • *n* bumblebee
дзвін • *n* bell
дзьоб • *n* bill
диван • *n* couch
диво • *n* wonder
дивувати • *v* surprise
дилема • *n* dilemma
дим • *n* smoke
дира • *n* hole
диск • *n* disk, record
дих • *n* breath
діабет • *n* diabetes
діамантовий • *adj* diamond
дід • *n* grandfather
дієвість • *n* strength

дізнаватися • *v* find out
дізнатися • *v* find out
діло • *n* matter
дім • *n* building, home, house
дірка • *n* hole
дірявити • *v* hole
дітище • *n* offspring
дія • *n* act
діяти • *v* act
для • *prep* for
дно • *n* bottom, ground
до • *prep* before, by, for, into, of, to, toward, until
добавка • *n* complement
добрий • *adj* good
довідатися • *v* find out
довідуватися • *v* find out, inquire
довіра • *n* credit
догори • *adv* up
доза • *n* dose
дозвіл • *n* leave
дозволяти • *v* suffer
док • *n* dock
докторат • *n* doctorate
домагатися • *v* exact
домівка • *n* home
доповнення • *n* complement
доповновати • *v* complement
досить • *adv* fairly
дослідник • *n* researcher
достатньо • *adv* enough
дот • *n* dot
дотримуватися • *v* follow
дощ • *n* rain
дощовий • *adj* rainy, wet
дощовитий • *adj* wet
дріб • *n* fraction
дріт • *n* wire
друг • *n* boyfriend, friend
другий • *adj* second

Д

друк • *n* press, printing
дуб • *n* oak
дух • *n* ghost, spirit
душ • *n* shower
дюйм • *n* inch

евакуювати • *v* evacuate
егоїзм • *n* egoism
Единбург • *n* Edinburgh
ей • *interj* hey
екземпляр • *n* instance
ентузіазм • *n* enthusiasm
ентузіаст • *n* enthusiast
ентузіастка • *n* enthusiast
ерекція • *n* erection
естонська • *n* Estonian

єменський • *adj* Yemeni

жаль • *n* grief, pity, regret
жанр • *n* genre

жарт • *n* joke
жах • *n* horror
жахливий • *adj* frightening
живий • *adj* living
жид • *n* Jew
жир • *n* fat, grease
житель • *n* resident
жмут • *n* bunch
жовтий • *n* yellow
жоден • *pron* neither
жрець • *n* priest
жук • *n* beetle

з • *prep* from, of, since, with
за • *prep* behind, beyond, by, for, per • *adv* too
забава • *n* fun
забезпека • *n* protection
забезпечувати • *v* assure
забороняти • *v* suppress
завантажити • *v* download
завертати • *v* turn
завершувати • *v* conclude
загадка • *n* puzzle
загарбник • *n* invader
загін • *n* force
загроза • *n* distress
зад • *n* behind, butt
задній • *adj* back
заклик • *n* call
закликати • *v* invoke
закон • *n* act, legislation
законодавство • *n* legislation
законодавчий • *adj* legislative

зал • *n* hall
залишати • *v* leave
залишення • *n* abandonment
залік • *n* credit
заміна • *n* substitute
заміняти • *v* substitute
заміщати • *v* displace
замовний • *adj* custom
заморожувати • *v* freeze
заморожуватися • *v* freeze
запал • *n* enthusiasm
заперечення • *n* denial
заперечувати • *v* contradict, mind
записати • *v* burn, save
зараз • *adv* immediately, instantly
засік • *n* bin
заслона • *n* protection
застосовувати • *v* apply
заступа • *n* protection
заступництво • *n* protection
затихати • *v* silence
затихнути • *v* silence
захист • *n* protection
збайдужіння • *n* alienation
збайдужування • *n* alienation
зберігати • *v* save
збій • *n* failure
збільшувати • *v* enhance
збір • *n* duty, fee
збудувати • *v* construct
звертатись • *v* apply
звичайно • *adv* mostly
звільняти • *v* rid
звір • *n* animal, beast
звіт • *n* report
звук • *n* sound
згадати • *v* mention
згадка • *n* mention
згадувати • *v* mention

згідно • *prep* according to
здатний • *adj* able
здебільшого • *adv* mostly
здібний • *adj* able
здогадка • *n* guess
зір • *n* eyesight, vision
зконструювати • *v* construct
злий • *adj* angry, bad, evil
злість • *n* anger
зло • *n* evil
зменшити • *v* lessen
змій • *n* dragon
змінити • *v* alter
змінювати • *v* alter
змокнути • *v* wet
змочувати • *v* wet
змусити • *v* force
знак • *n* badge, character, sign, signal, symbol
знамено • *n* banner, flag
значний • *adj* meaningful
зниження • *n* decline
зникати • *v* vanish
знищити • *v* eliminate
знов • *adv* again
зображувати • *v* represent
зосереджуватися • *v* concentrate, focus
зосередитися • *v* focus
зразок • *n* instance
зріст • *n* height
зуб • *n* tooth
зумисно • *adv* deliberately
зустріч • *n* appointment, encounter
ЗША • *n* United States

3

І

і • *conj* and
ігуана • *n* iguana
ідеалізм • *n* idealism
ідентифікувати • *v* identify
ізраїльський • *adj* Israeli
імовірно • *adv* probably
імпортувати • *v* import
індонезійська • *n* Indonesian
інструкція • *n* manual
існувати • *v* exist
істеблішмент • *n* establishment
історик • *n* historian
історіограф • *n* historian

Ї

її • *det* her • *pron* hers
їм • *pron* them
їх • *det* their • *pron* theirs, them

Й

й • *conj* and
його • *pron* him
йому • *pron* him

Йордан • *n* Jordan
йти • *v* go

К

кабінет • *n* cabinet
камінець • *n* stone
касувати • *v* reverse
католицький • *adj* Catholic
кекс • *n* cake
керівництво • *n* board
керувати • *v* direct, manage
кеш • *n* cash
кий • *n* cue
ким • *pron* whom
кислотність • *n* acidity
кит • *n* whale
китайський • *n* Chinese
кіл • *n* stake
кілометр • *n* kilometre
кімната • *n* chamber
кінь • *n* horse
Кіпр • *n* Cyprus
кіш • *n* basket
клас • *n* class, classroom, grade, year
клей • *n* glue
кліф • *n* cliff
кліщ • *n* tick
клоп • *n* bug
клуб • *n* club
ключ • *n* key, switch
князь • *n* prince
код • *n* code
колесо • *n* wheel

коло • *prep* about • *n* round, wheel
комерційний • *adj* commercial
комірка • *n* closet
конвенція • *n* convention
конструктор • *n* constructor
конструювати • *v* construct
консультант • *n* advisor
консьєрж • *n* doorman
консьєржка • *n* doorman
концентруватися • *v* concentrate
коритися • *v* submit
корма • *n* stern
корт • *n* court
косий • *n* slash
кофр • *n* chest, trunk
кошмар • *n* nightmare
кошт • *n* price, value
краб • *n* crab
край • *n* edge, end, region
кран • *n* tap
крах • *n* failure
кредит • *n* credit
крем • *n* cream
кривавий • *adj* gory
кривити • *v* twist
крига • *n* ice
крижень • *n* mallard
крик • *n* call, cry
критика • *n* stab
кричати • *v* call, scream
крізь • *prep* across, through
кріль • *n* rabbit
крім • *prep* besides, except • *conj* but
кріт • *n* mole
кров • *n* blood
крок • *n* pace, step
крос • *n* cross
круг • *n* circle, round

круглий • *adj* round
кружляти • *v* circle
крук • *n* raven
ксьондз • *n* priest
куди • *conj* where
кудись • *adv* somewhere
кульгавий • *adj* lame
культ • *n* cult
курка • *n* chicken
курс • *n* course, year
курча • *n* chicken
кут • *n* angle, corner
кущ • *n* bush

лад • *n* regime
ланч • *n* lunch
лата • *n* patch
латиська • *n* Latvian
латка • *n* patch
лев • *n* lion
легкий • *adj* slight
легко • *adv* easily
ледарство • *n* sloth
ледве • *adv* barely, hardly
ледь • *adv* slightly
лезо • *n* edge
липкий • *adj* sticky
липучий • *adj* sticky
лис • *n* fox
лист • *n* leaf, letter, sheet
лити • *v* pour
лихо • *n* distress, evil
лід • *n* ice
лік • *n* medicine

К
Л

ліквідувати • *v* eliminate

лінощі • *n* sloth

лінь • *n* sloth

ліс • *n* forest, wood

літак • *n* aircraft, plane

літр • *n* litre

ліфт • *n* lift

ліхтар • *n* lamppost

лоб • *n* forehead

лодь • *n* boat

лорд • *n* lord

лосось • *n* salmon

лось • *n* moose

лук • *n* bow, onion

льос • *n* destiny, fate

льох • *n* cellar

льоха • *n* sow

люблячий • *adj* loving

лякати • *v* scare

Л

М

M

мазь • *n* cream, grease

мак • *n* poppy

мармур • *n* marble

Марс • *n* Mars

марш • *n* march

масть • *n* cream, suit

мат • *interj* checkmate

материнка • *n* oregano

мати • *v* have, have to

матч • *n* match

мед • *n* honey

мейл • *n* email

мене • *pron* me

мені • *pron* me

мент • *n* cop

менш • *adv* less

мер • *n* mayor

мережа • *n* web

метал • *n* metal

металевий • *adj* metallic

металічний • *adj* metallic

метеорологія • *n* meteorology

меч • *n* sword

мешканець • *n* inhabitant, resident

мешканка • *n* inhabitant

ми • *pron* we

минати • *v* pass

мир • *n* peace

мить • *n* moment

мід • *n* honey

мідь • *n* copper

між • *prep* among, between

мій • *pron* mine • *det* my

мілина • *n* shallow

міль • *n* moth

мір • *n* plague

міс • *n* miss

місія • *n* mission

міст • *n* bridge

містити • *v* comprise

місце • *n* spot

міф • *n* myth

міфологія • *n* mythology

міць • *n* force, might, strength

мішень • *n* target

млин • *n* mill

мова • *n* language

мовник • *n* broadcaster

модифікація • *n* modification

мокнути • *v* wet

молодший • *adj* junior

монстр • *n* monster

морок • *n* darkness

морський • *adj* marine

мочити ● *v* wet
муж ● *n* husband, man
мул ● *n* mule
мур ● *n* wall
мусити ● *v* force
мусульманство ● *n* Islam

на ● *prep* against, by, for, on, over, per, to, upon
наближатися ● *v* approach
наближення ● *n* approach
наважитися ● *v* dare
наважуватися ● *v* dare
навік ● *adv* forever
навіки ● *adv* forever
навічно ● *adv* forever
навколо ● *adv* about
навкруги ● *prep* about
навмисний ● *adj* deliberate, intentional
навмисно ● *adv* deliberately
навпаки ● *phr* on the contrary
нагадувати ● *v* remind
наглий ● *adj* sudden
наголошувати ● *v* accent
над ● *prep* above, over
назавше ● *adv* forever
називати ● *v* call
наїзник ● *n* invader
найменше ● *adv* least
найменший ● *det* least
належно ● *adv* properly
наливати ● *v* pour
налити ● *v* pour

наляканий ● *adj* afraid
нам ● *pron* us
намір ● *n* purpose
наміритись ● *v* intend
наочний ● *adj* evident
напружений ● *adj* tense
нарешті ● *adv* finally ● *phr* at last
нароком ● *adv* deliberately
наряд ● *n* detail
нас ● *pron* us
наслідування ● *n* inheritance
насолоджуватися ● *v* enjoy
насуплюватися ● *v* frown
НАТО ● *n* NATO
натомість ● *conj* whereas
натякати ● *v* imply
науковець ● *n* researcher
нахабний ● *adj* meddlesome
наш ● *det* our ● *pron* ours
нащадки ● *n* offspring
нащадок ● *n* offspring
наявний ● *adj* available
не ● *n*-no ● *adv* not
небезпека ● *n* distress
негайно ● *adv* immediately
негідник ● *n* worm
негр ● *n* black
недавно ● *adv* recently
неземний ● *adj* unearthly
незначний ● *adj* slight
нейтральність ● *n* neutrality
неквапливо ● *adv* deliberately
неофіт ● *n* novice
нерв ● *n* nerve
несподіваний ● *adj* sudden
несподівано ● *adv* suddenly
несправний ● *adj* faulty
нестандартний ● *adj* custom
несхвалювати ● *v* frown
нетерпляче ● *adv* impatiently

M
H

нещастя • *n* misery
нижній • *adj* inferior
нижче • *prep* below
низ • *n* bottom
низький • *adj* humble
нині • *adv* nowadays
нищити • *v* destroy
ніде • *adv* nowhere
ніж • *n* knife • *prep* than
нікуди • *adv* nowhere
ніс • *n* nose
ніхто • *pron* no one
ніч • *n* night
НЛО • *n* UFO
новак • *n* novice
новачка • *n* novice
новачок • *n* novice
нормальність • *n* normality
носій • *n* carrier
ну • *interj* well
нудний • *adj* boring
нуль • *num* zero
нюх • *n* smell

оборона • *n* protection
образ • *n* image
обчищати • *v* peel
околиці • *n* neighborhood
окремий • *adj* separate
округа • *n* neighborhood
окунь • *n* bass, perch
оновити • *v* upgrade
оновлювати • *v* update
опалення • *n* heating
опитування • *v* quiz
оранжевий • *n* orange
оригінально • *adv* originally
осторонь • *adv* apart
отже • *interj* so
ототожнювати • *v* identify
оточувати • *v* enclose, surround
отримувати • *v* obtain
отруйний • *adj* toxic
охорона • *n* protection
очевидний • *adj* evident
очікуваний • *adj* expected

О

оберега • *n* protection
оберт • *n* turn
обертати • *v* turn
обізнаний • *phr* in the know
обмеження • *n* restriction
обмежувальний • *adj* restrictive
обмежувати • *v* determine, enclose, restrict
обмірковувати • *v* consider

П

паб • *n* bar, pub
пазл • *n* puzzle
пакунок • *n* package
палата • *n* chamber
палтус • *n* halibut
пан • *n* gentleman, Mr., sir
пар • *n* steam
ПАР • *n* South Africa
парк • *n* fleet, park
пастор • *n* pastor

певно ● *adv* probably
пелікан ● *n* pelican
перебити ● *v* cut off
перевага ● *n* edge
переважно ● *adv* mainly, mostly, primarily
перевал ● *n* pass
переглядач ● *n* viewer
передавати ● *v* pass
передбачення ● *n* prediction
передбачити ● *v* predict
передбачувати ● *v* predict
передзвонити ● *v* call back
передування ● *n* precedence
переживати ● *v* survive
пережити ● *v* survive
переїжджати ● *v* move
переїхати ● *v* move
переконання ● *n* conviction
переміщати ● *v* displace
переміщення ● *n* displacement
переплутати ● *v* confuse
переслідувати ● *v* trail
перетинатися ● *v* cross
переходити ● *v* pass
перешкоджати ● *v* inhibit
перша ● *adv* o'clock
пес ● *n* dog
ПЗ ● *n* software
пил ● *n* dust
письменництво ● *n* literature
письменство ● *n* literature
питання ● *n* issue
питати ● *v* inquire
пиття ● *n* drinking
південніше ● *prep* below
під ● *prep* below, beneath, under
підвищити ● *v* promote
підігнаний ● *adj* custom

підкреслювати ● *v* accent
підлеглий ● *adj* inferior
підрядник ● *n* contractor
підхід ● *n* approach
підходити ● *v* approach
підходящий ● *adj* appropriate, suitable
пік ● *n* summit
піп ● *n* priest
піратство ● *n* piracy
після ● *prep* upon
пісюн ● *n* prick
піт ● *n* sweat
піч ● *n* fire, oven, stove
піщаний ● *adj* sandy
плавання ● *n* swimming
план ● *n* map, plan
планета ● *n* planet
планувати ● *v* intend
пласт ● *n* layer
плач ● *n* cry
плід ● *n* fruit, offspring
плутанина ● *n* mess
плутати ● *v* confuse
пляж ● *n* beach
пляма ● *n* spot
по ● *prep* along, by, upon
повернути ● *v* give back
повертати ● *v* give back, turn
повертатися ● *v* go back
повечеряти ● *v* dine
повз ● *prep* along ● *adv* by
повинен ● *v* should
повинно ● *v* should
повиснути ● *v* flag
повінь ● *n* flood
поводитись ● *v* act
поворот ● *n* turn
повсюди ● *adv* everywhere
погоджуватися ● *v* accept
подібність ● *n* similarity

П

подорожувати • *v* journey

поза • *prep* above, behind

позбавлення • *n* deprivation

показувати • *v* reveal

покій • *n* chamber, room

покращувати • *v* enhance

полегшувати • *v* facilitate

помилковий • *adj* faulty

помилятися • *v* mistake

понад • *prep* above

поняття • *n* notion

попереджувати • *v* warn

попередити • *v* warn

Поперечка • *n* split

пополудні • *n* afternoon

породжувати • *v* originate

порт • *n* harbor, port

портьє • *n* doorman

поруч • *prep* next to

поряд • *prep* about

порятунок • *n* rescue

посилання • *n* mention

посилатися • *v* mention

пост • *n* post

поставка • *v* supply

постачати • *v* supply

постільга • *n* kestrel

поступовий • *adj* gradual

потіха • *n* fun

потомство • *n* offspring

похмурий • *adj* gloomy

правильно • *adv* properly

правління • *n* board

празний • *adj* hollow

працевлаштовувати • *v* employ

працевлаштувати • *v* employ

представляти • *v* represent

представник • *n* representative

представниця • *n* representative

презентація • *n* presentation

прес • *n* press

при • *prep* at

прибивати • *v* nail

прибити • *v* nail

приблизно • *prep* about

привласнювати • *v* appropriate

пригнічувати • *v* suppress

придатний • *adj* suitable

придатність • *n* fitness

призначати • *v* assign

приймати • *v* adopt

приклад • *n* instance

прикриття • *n* protection

прилив • *n* tide

приміряти • *v* try on

принц • *n* prince

припускати • *v* guess, imply, presume

припущення • *n* assumption

прискорення • *n* acceleration

прихід • *n* ward

пріч • *adv* away

про • *prep* about, of

проблема • *n* issue

проводити • *v* spend

продовжувати • *v* proceed

проминати • *v* pass

пропонувати • *v* submit

пропустити • *v* miss

просунути • *v* promote

протекціонізм • *n* protection

професор • *n* faculty

профіль • *n* profile

прохід • *n* aisle

проходити • *v* pass

прут • *n* stick

прутень • *n* prick

П

прясти • *v* spin
психоз • *n* alienation
птах • *n* bird
пункт • *n* clause, item
пустий • *adj* hollow
пустопорожній • *adj* hollow
путь • *n* track

раб • *n* slave
радіоактивний • *adj* radioactive
радіоактивність • *n* radioactivity
радник • *n* advisor
раз • *adv* once • *n* time
рак • *n* cancer
ранг • *n* grade
раніше • *adv* already
раптово • *adv* suddenly
реакція • *n* reaction
рейд • *n* raid
рейс • *n* flight
реквізит • *n* property
рецепт • *n* recipe
ржа • *n* rust
рибачка • *n* fisherman
риж • *n* rice
Рим • *n* Rome
ринг • *n* ring
рис • *n* rice
рись • *n* lynx
ритм • *n* beat, rhythm
ріг • *n* corner, horn
рід • *n* gender, sort, tribe, type

різновид • *n* variety
різноманітність • *n* variety
рік • *n* year
ріст • *n* growth, increase
річ • *n* thing
розвага • *n* fun
розглядати • *v* consider
розкривати • *v* reveal
розповідати • *v* reply
розповісти • *v* reply
рок • *n* rock
роль • *n* role
російський • *n* Russian
рот • *n* mouth
рубати • *v* hew
рудий • *adj* red
руль • *n* steering wheel
рух • *n* motion, movement, traffic
ряд • *n* row, series
рятувати • *v* rescue, retrieve

сад • *n* garden
саж • *n* stable
сайт • *n* website
сам • *adj* alone • *n* self
сапсан • *n* kestrel
сват • *n* matchmaker
светр • *n* sweater
свиня • *n* hog, sow
свист • *n* whistle
свисто • *n* whistle
свідомість • *n* consciousness
свій • *det* his, its • *adj* own

П
Р
С

світ • *n* kingdom, world
світовий • *adj* worldwide
святий • *adj* sacred
священний • *adj* sacred
сейф • *n* safe
секс • *n* sex
сенс • *n* meaning, sense
сенсор • *n* sensor
серб • *n* Serbian
сербська • *n* Serbian
серед • *prep* midst
середина • *n* midst
серйозний • *adj* serious
серйозно • *adv* seriously
серпанок • *n* mist
сила • *n* strength
син • *n* son
сир • *n* cheese
сирий • *adj* damp
сироп • *n* cordial
сич • *n* owl
сідати • *v* board
сік • *n* juice
сіль • *n* salt
сім • *num* seven
сіть • *n* net, network
скарб • *n* treasure
скасувати • *v* reverse
скат • *n* ray
скеровувати • *v* direct
склад • *n* composition, store, warehouse
скло • *n* glass
скрізь • *adv* everywhere
скунс • *n* skunk
скучати • *v* miss
слабкий • *adj* slight
слеш • *n* slash
слід • *v* should • *n* track, trail
слідувати • *v* follow
слой • *n* layer

слон • *n* bishop, elephant
слух • *n* hearing
слухати • *interj* hello
смак • *n* taste
смерть • *n* death, departure
сміх • *n* laughter
сніг • *n* snow
СНІД • *n* AIDS
снідати • *v* breakfast
собака • *n* dog
сова • *n* owl
сойка • *n* jay
сокіл • *n* kestrel
сомалійська • *n* Somali
сон • *n* dream, sleep
сонячний • *adj* sunny
сорт • *n* sort
союз • *n* alliance
спад • *n* decline
спадок • *n* inheritance
спальня • *n* chamber
спектр • *n* spectrum
спирт • *n* alcohol, spirit
спів • *n* singing
спір • *n* argument, contest, controversy
сповіщення • *n* notification
споживач • *n* consumer
спорт • *n* sport
спостерігач • *n* observer
спочатку • *adv* originally
справедливо • *adv* fairly
сприяти • *v* facilitate, promote
сприятливий • *adj* advantageous
спроба • *n* stab
став • *n* pond
сталь • *n* steel
стан • *n* condition, situation, state
стандарт • *n* standard

С

старший • *adj* elder
старшинство • *n* precedence
стаття • *n* clause
стать • *n* gender, sex
стверджувати • *v* assert
ствол • *n* stem, trunk
створювати • *v* originate
стежка • *n* trail
стид • *n* shame
стіл • *n* desk, table
сто • *num* hundred
стовп • *n* column, post
Стокгольм • *n* Stockholm
страждання • *n* distress, suffering
страждаючий • *adj* suffering
страйк • *n* strike
страсть • *n* passion
стратити • *v* execute
страх • *n* fear, horror
страчувати • *v* execute
стрічка • *n* tape
строгий • *adj* strict
строк • *n* term, time
структура • *n* structure
струм • *n* current, power
стяг • *n* banner, flag
стягати • *v* exact
суд • *n* court, trial, tribunal
сумний • *adj* gloomy
сумочка • *n* handbag
суп • *n* soup
суперечити • *v* contradict
супроводжувати • *v* accompany
сусідство • *n* neighborhood
суть • *n* essence
сучасник • *n* contemporary
сучасниця • *n* contemporary
схід • *n* dawn, east
схожість • *n* similarity

та • *conj* and
таємно • *adv* secretly
тайм • *n* half time
так • *adv* as, so, thus • *part* yes
такт • *n* beat, measure
талант • *n* gift, talent
там • *adv* there
танк • *n* tank
ТБ • *n* TV
тварина • *n* animal
тварь • *n* being, creature
твій • *det* your
твір • *n* writing
теж • *adv* also, too
текст • *n* text
темнота • *n* darkness
темп • *n* pace
темрява • *n* darkness
тепер • *adv* nowadays
термін • *n* time
тест • *n* examination, test
тестувати • *v* test
тесть • *n* father-in-law
тета • *n* aunt
ти • *pron* you
тигр • *n* tiger
тин • *n* fence
тип • *n* kind, sort, type
типографія • *n* typography
тиск • *n* pressure
титри • *n* credit
тінь • *n* shade, shadow
тісно • *adv* closely
тля • *n* aphid
тобто • *adv* namely
тоді • *adv* then

С
Т

той • *det* that
токсичний • *adj* toxic
том • *n* volume
тон • *n* tone
торт • *n* cake
точність • *n* accuracy
точно • *adv* exactly
традиційний • *adj* traditional
трек • *n* track
трест • *n* trust
три • *num* three
трос • *n* cable
тротуар • *n* sidewalk
трофей • *n* trophy
трудящий • *n* worker
труп • *n* body
трюм • *n* hold
тугий • *adj* tense
туман • *n* mist
тут • *adv* here
туш • *n* flourish, ink
тьма • *n* darkness
тюлень • *n* seal
тюфтельки • *n* meatball
тягти • *v* trail

у • *prep* in, into
увезти • *v* import
удаваний • *adj* apparent
удавати • *v* pretend
удар • *n* impact
узбіччя • *n* shoulder
укладати • *v* conclude, enclose
улюблений • *n* favourite

умисний • *adj* deliberate, intentional
умисно • *adv* deliberately
управляти • *v* manage
уразливість • *n* hole
усюди • *adv* everywhere
утіха • *n* pleasure
участь • *n* participation
уявити • *v* fancy
уявляти • *v* fancy

файл • *n* file
факт • *n* fact
фах • *n* profession
фемінізм • *n* feminism
ферзь • *n* queen
фільм • *n* movie
фільтр • *n* filter
фільтрувати • *v* filter
фінансувати • *n* fund
фіолетовий • *n* purple
флаг • *n* banner, flag
фламінго • *n* flamingo
флот • *n* fleet
фонд • *n* fund
форель • *n* trout
фронт • *n* front
фрукт • *n* fruit
функція • *n* function
фунт • *n* pound
фут • *n* foot

Х

халепа • *n* trouble
харчування • *n* nutrition
хвіст • *n* tail
хірург • *n* surgeon
хіт • *adj* hit
хліб • *n* bread
хлів • *n* stable, stall
хлопець • *n* lad
хода • *n* pace
холодна • *n* hole
хор • *n* choir
хороший • *adj* good
хотіти • *v* fancy
хоч • *conj* although
храм • *n* temple
хрест • *n* cross
хробак • *n* worm
хронічний • *adj* chronic
хто • *pron* who
хтось • *pron* somebody, someone
худоба • *n* cattle
хуй • *n* penis, prick
хук • *n* hook

Ц

цаль • *n* inch
цап • *n* goat
цар • *n* emperor, king
цвіт • *n* flower
цвях • *n* nail
це • *pron* it, this
цей • *det* this
цензурувати • *v* censor
цент • *n* cent
центр • *n* center
цикл • *n* cycle
цинк • *n* zinc
ці • *det* these, this
цілковитий • *adj* absolute
ціль • *n* aim, goal, purpose
цьоця • *n* aunt
Цюрих • *n* Zurich
ця • *det* this

Ч

Чад • *n* Chad
чай • *n* tea
час • *n* age, tense, time
частий • *adj* frequent
часто • *adv* frequently
чат • *n* chat
чверть • *n* quarter
черв • *n* worm
червоний • *adj* red
черга • *n* turn
через • *prep* across, throughout
чесно • *adv* fairly
честь • *n* glory, honor
чи • *conj* or, whether
чий • *det* whose
чинар • *n* plane
чинити • *v* act
чистити • *v* peel
член • *n* member

членство • *n* membership
чорт • *n* demon, devil
чудо • *n* wonder
чудовий • *adj* excellent, wonderful

шанс • *n* chance, opportunity
шар • *n* layer
шарм • *n* allure
шарф • *n* scarf
шерсть • *n* fur, wool
шеф • *n* boss
шипіння • *n* hiss
шипіти • *v* hiss
широко • *adv* widely
шифр • *n* code
шість • *num* six
шістьдесят • *num* sixty
шкіра • *n* skin
шкло • *n* glass
шлюб • *n* marriage
шлях • *n* road, track, way
шмат • *n* piece
шовк • *n* silk
шостий • *n* sixth
шрам • *n* scar
штаб • *n* headquarters, staff
штамп • *n* stamp
штат • *n* staff, state

штраф • *n* fine
шукати • *v* look
шум • *n* noise

ще • *adv* more, still, yet
що • *conj* that • *pron* what
щоб • *conj* so
щодо • *prep* concerning
щоразу • *conj* whenever
щорічний • *adj* yearly
щорічно • *adv* yearly
щось • *pron* something
щука • *n* pike
щур • *n* rat

Я

я • *pron* I
яд • *n* poison
як • *adv* as, how, like • *prep* as, like
якось • *adv* somehow
японська • *n* Japanese
ярд • *n* yard

Ч
Ш
Щ
Я

Pronunciation

Consonants

IPA	Example	Equivalent
b	бог	boot
d	дим	do
dʲ	дім, мідь	dew
dz	дзéркало	pads
dzʲ	ґедзь, дзьоб	pads
dʒ	джміль	jump, ridge
f	фáрба	fool
g	ґáнок	good
ɣ	чахохбілі	*between* good and hood
ɦ	газéта	behind
j	йти, гай, їдáльня	yes
k	ключ	scar
l	лось	bell
lʲ	лід, сіль	least
m	мир	moot
n	нéбо	noon
nʲ	ніжний, день	new
p	пил	spare
r	лíкар	*Spanish trilled* r
rʲ	рíчка	*Spanish trilled* r
s	суп	soup
sʲ	сíно, вісь	suit

∫	шпари́на, ви́ще	shop
t	тин	star
tʲ	тінь, мить	stew
ts	цибу́ля	cats
tsʲ	ціна́, віне́ць	cats
t∫	очере́т, вище	choose
u̯	вчи́тель, став	tow
v	Афґаніста́н	vine
w	віл	*between* wine and vine
x	ховра́х	Bach, loch
z	зуб	zoo
zʲ	зі́ллю, рі́зьблення	presume
ʒ	жи́то	measure, garage

Vowels

IPA	Example	Equivalent
ɑ	zгай	father
ɛ	день	met
i	кіт, ікла	meet
ɪ	ми́ша	bit
ɔ	по́ле, льон	off
u	дух, лють	fool
ɐ	гарма́та	hug
e	ефі́рний	rate
i	біле́т	meet
ɪ	кра́сний	bit
o	ору́дний	cold
ʊ	туди́	put

Irregular English Verbs

inf.	sp.	pp.	inf.	sp.	pp.
arise	arose	arisen	**buy**	bought	bought
awake	awoke	awoken	**can**	could	-
be	was	been	**cast**	cast	cast
bear	bore	borne	**catch**	caught	caught
beat	beat	beaten	**choose**	chose	chosen
become	became	become	**cleave**	cleft	cleft
beget	begot	begotten	**come**	came	come
begin	began	begun	**cost**	cost	cost
bend	bent	bent	**creep**	crept	crept
bet	bet	bet	**crow**	crowed	crew
bid	bade	bidden	**cut**	cut	cut
bide	bade	bided	**deal**	dealt	dealt
bind	bound	bound	**dig**	dug	dug
bite	bit	bitten	**do**	did	done
bleed	bled	bled	**draw**	drew	drawn
blow	blew	blown	**dream**	dreamt	dreamt
break	broke	broken	**drink**	drank	drunk
breed	bred	bred	**drive**	drove	driven
bring	brought	brought	**dwell**	dwelt	dwelt
build	built	built	**eat**	ate	eaten
burn	burnt	burnt	**fall**	fell	fallen
burst	burst	burst	**feed**	fed	fed
bust	bust	bust	**feel**	felt	felt

inf.	sp.	pp.	inf.	sp.	pp.
fight	fought	fought	mow	mowed	mown
find	found	found	pay	paid	paid
flee	fled	fled	pen	pent	pent
fling	flung	flung	plead	pled	pled
fly	flew	flown	prove	proved	proven
forbid	forbad	forbid	quit	quit	quit
forget	forgot	forgotten	read	read	read
forsake	forsook	forsaken	rid	rid	rid
freeze	froze	frozen	ride	rode	ridden
get	got	got	ring	rang	rung
give	gave	given	rise	rose	risen
go	went	gone	run	ran	run
grind	ground	ground	saw	sawed	sawn
grow	grew	grown	say	said	said
hang	hung	hung	see	saw	seen
have	had	had	seek	sought	sought
hear	heard	heard	sell	sold	sold
hide	hid	hidden	send	sent	sent
hit	hit	hit	set	set	set
hold	held	held	sew	sewed	sewn
hurt	hurt	hurt	shake	shook	shaken
keep	kept	kept	shall	should	-
kneel	knelt	knelt	shear	sheared	shorn
know	knew	known	shed	shed	shed
lay	laid	laid	shine	shone	shone
lead	led	led	shit	shit	shit
lean	leant	leant	shoe	shod	shod
leap	leapt	leapt	shoot	shot	shot
learn	learnt	learnt	show	showed	shown
leave	left	left	shred	shred	shred
lend	lent	lent	shrink	shrank	shrunk
let	let	let	shut	shut	shut
lie	lay	lain	sing	sang	sung
light	lit	lit	sink	sank	sunk
lose	lost	lost	sit	sat	sat
make	made	made	slay	slew	slain
may	might	-	sleep	slept	slept
mean	meant	meant	slide	slid	slid
meet	met	met	sling	slung	slung
melt	melted	molten	slink	slunk	slunk

inf.	sp.	pp.
slit	slit	slit
smell	smelt	smelt
smite	smote	smitten
sow	sowed	sown
speak	spoke	spoken
speed	sped	sped
spell	spelt	spelt
spend	spent	spent
spill	spilt	spilt
spin	spun	spun
spit	spat	spat
split	split	split
spoil	spoilt	spoilt
spread	spread	spread
spring	sprang	sprung
stand	stood	stood
steal	stole	stolen
stick	stuck	stuck
sting	stung	stung
stink	stank	stunk
stride	strode	stridden
strike	struck	struck
string	strung	strung
strive	strove	striven
swear	swore	sworn
sweat	sweat	sweat
sweep	swept	swept
swell	swelled	swollen
swim	swam	swum
swing	swung	swung
take	took	taken
teach	taught	taught
tear	tore	torn
tell	told	told
throw	threw	thrown
thrust	thrust	thrust
tread	trod	trodden
wake	woke	woken
wear	wore	worn
weave	wove	woven

inf.	sp.	pp.
wed	wed	wed
weep	wept	wept
wet	wet	wet
win	won	won
wind	wound	wound
wring	wrung	wrung
write	wrote	written

Printed in Great Britain
by Amazon